自治体の財政担当になったら読む本

定野 司 [著]

学陽書房

はじめに

　財政担当には、自治体全体の財政運営を司る財政課の職員と、事業を執行する部署で予算や決算などを担当する職員の2通りがあります。

　皆さんが、どちらの財政担当になったとしても、おそらく新人職員ではないでしょう。いくつかの職場を経験し、あるいは1つの分野の専門家として、成果を上げてきたからこそ、財政担当に抜擢されたのです。

　ですから、自信を持ってください。

　でも、決して過信してはいけません。なぜなら、皆さんがこれから相手にするのは、財政担当になる前の皆さんのように、それぞれの部署で力を発揮している職員ばかりだからです。

　財政担当になる前、バリバリ仕事をしていたときのことを思い出してください。皆さんは、自分の仕事が自治体の仕事の中で重要な位置を占め、これからも永遠になくなることはなく、今の執行方法が最良の選択であると考えていたに違いありません。そして、仕事の中の重要なポジションを任され、そこで最高の仕事をしてきたことでしょう。「この仕事は他の職員に任せられない、心配だ」そう思っていたはずです。

　ところが、実際はどうでしょう。皆さんがいなくても仕事は滞ることなく順調に進行しています。所詮、役所の仕事とはそんなものです。

　でも、がっかりしないでください。

　その仕事をよく見てみると、皆さんの発想やアイデアが引き継がれていることがわかります。役所も少しずつですが、進化しているのです。

　これから先、財政担当になった皆さんは直接、事業に携わることはできません。財政担当にできるのは、事業に携わる職員の発想やアイデアが実現し、仕事に活かされるよう、支援することです。仕事は"ヒト"、"モノ"、"カネ"、"情報"、4つの要素で動いています。皆さんはそのうちの1つ、"カネ"を握っているのです。

　もう一度、皆さんが財政担当になる前、バリバリ仕事をしていたとき

のことを思い出してください。皆さんは確かな「目標」を持っていたはずです。「目標」がなければ「成果」は見えません。「成果」を見せることができたからこそ、財政担当に抜擢されたのです。

　もう、おわかりですね。

　財政担当になって最初にやらなければならないのは、"カネ"勘定ではなく、「目標」を1つにすることです。財政担当である皆さんと事業に携わる職員の「目標」が同じでなければ仕事は進みません。

　職員からたくさんの要求が上がってくることがあります。一方、自治体の使える"カネ"（予算）には限度があります。皆さんは、さまざまな場面でどれに優先して"カネ"を使うのか、使わないのか判断しなければなりません。

　そうです。この判断の基準となるのが「目標」です。

　「目標」を達成するため、皆さんが最善の道を選択すれば、事業に携わる職員の信頼を得ることができます。反対に、皆さんの判断がぶれてしまっては、職員の信頼を得ることはできず、仕事は進みません。

　繰り返しますが、財政担当になった皆さんは直接、事業に携わることはできません。でも、事業に携わる職員と「目標」を1つにし、職員の発想やアイデアを仕事に活かし、「成果」を共有することはできます。そして、それこそが財政担当である皆さんの仕事なのです。

　財政担当には、全庁の財政運営を司る財政課の職員と、事業を執行する部署の中で予算や決算などを担当する職員の2通りがあります。両者が激突する場面が「予算査定」です。

　もう、おわかりですね。

　「予算査定」は、敵味方に分かれて"カネ"（予算）のやり取りをする戦場ではありません。

　そうです。「予算査定」は「目標」を1つにする場なのです。

　本書が、皆さんにとって最善の道を選択する一助になれば幸いです。

2015年9月

定野　司

自治体の財政担当になったら読む本 ●目次

はじめに ……………………………………………………………… 2

第1章 財政担当の仕事へようこそ

- 1-1 財政担当の仕事って？……………………………………… 10
- 1-2 財政担当の年間スケジュール …………………………… 17
- 1-3 財政担当必読の書 ………………………………………… 20
- 1-4 財政担当に欠かせない3つの力 ………………………… 24
  - COLUMN ① スタートライン ……………………………… 29

第2章 決算

- 2-1 決算整理 …………………………………………………… 32
- 2-2 決算とは …………………………………………………… 37
- 2-3 主要な施策の成果を説明する書類 ……………………… 44
- 2-4 決算審査 …………………………………………………… 49
  - COLUMN ② 網膜はく離 …………………………………… 52

第3章 地方交付税

- 3-1 地方交付税とは …………………………………………… 54
- 3-2 地方交付税のしくみ ……………………………………… 61
- 3-3 地方財政計画 ……………………………………………… 66
  - COLUMN ③ 米百俵 ………………………………………… 70

第4章 予算のしくみ

- 4-1 予算とは・会計とは……………………………………… 72
- 4-2 歳入歳出予算………………………………………………… 76
- 4-3 繰越明許費…………………………………………………… 82
- 4-4 継続費………………………………………………………… 84
- 4-5 債務負担行為………………………………………………… 85
- 4-6 地方債………………………………………………………… 88
- 4-7 一時借入金…………………………………………………… 91
- 4-8 歳出予算の各項の金額の流用……………………………… 94
- 4-9 予算に関する説明書………………………………………… 96
- 4-10 予算の7つの原則と例外…………………………………… 98
- COLUMN 4 役所の養子……………………………………… 102

第5章 予算編成

- 5-1 予算編成の流れ……………………………………………… 104
- 5-2 行財政運営方針の策定……………………………………… 107
- 5-3 予算要求……………………………………………………… 113
- 5-4 予算査定……………………………………………………… 116
- 5-5 予算内示……………………………………………………… 121
- 5-6 予算審議……………………………………………………… 122
- 5-7 予算の執行管理……………………………………………… 126
- 5-8 中期財政計画………………………………………………… 129
- COLUMN 5 足立区の包括予算制度………………………… 132

第6章 起債管理

- 6-1 地方債とは ……………………………………………… 134
- 6-2 地方債の協議と許可 …………………………………… 138
- 6-3 地方債の借入れと償還 ………………………………… 145
  - COLUMN 6 時間貯金 ……………………………………… 150

第7章 財務分析

- 7-1 決算統計 ………………………………………………… 152
- 7-2 健全化判断比率 ………………………………………… 163
- 7-3 行政評価 ………………………………………………… 168
- 7-4 財務諸表 ………………………………………………… 172
  - COLUMN 7 貧困の連鎖 …………………………………… 180

第8章 財政担当の仕事術

- 8-1 財政担当の3方向の交渉 ……………………………… 182
- 8-2 効率的に資料を読み解くコツ ………………………… 187
- 8-3 低い理想と早い妥協 …………………………………… 190
- 8-4 相手にしゃべらせる …………………………………… 192
- 8-5 できないことにはNOと言う ………………………… 195
- 8-6 譲歩を引き出すテクニック …………………………… 197
  - COLUMN 8 仕事を私事にかえよう ……………………… 200

第9章 財政担当の心得

- 9-1 仕事に対するスタンスを持つ……………………………… 202
- 9-2 エリート意識を持つ・捨てる……………………………… 205
- 9-3 住民目線・市民感覚を忘れない…………………………… 207
- 9-4 現場主義に立つ……………………………………………… 210
- 9-5 論理的に物事を考える……………………………………… 212
- 9-6 コミュニケーションを大切にする………………………… 219
- 9-7 必ず1つは得意分野を持つ………………………………… 223
- 9-8 固定観念を捨てる…………………………………………… 226
    - COLUMN 9 給与明細書……………………………………… 229

おわりに………………………………………………………………… 231

〈法令名の略記〉

本文中で法令条文を引用する場合、下記の法令については略記した。

地方自治法……自治法
日本国憲法……憲法
地方財政法……地財法
地方公共団体の財政の健全化に関する法律……健全化法
例）地方自治法第233条第1項　→　自治法233条1項

第 1 章

財政担当の仕事へようこそ

1-1 ◎…財政担当の仕事って？

▶▶ 財政課と各部局の財政担当

　財政担当には、自治体全体の財政運営を司る財政課の職員と、事業を執行する部署で予算や決算などを担当する職員の2通りがあります。

　両者は密接に関連していて、例えば、予算編成は「要求なきところに査定なし」といわれるように、各部局の予算要求（予算見積り）があって、初めて進めることができます。また、予算要求にあたって、各部局の財政担当は、予算を執行する各部局内の課係に必要な情報を求めますから、財政担当とは予算を作り、予算を執行する、すべての担当（職員）を指すことになります。

　本書では財政課の仕事を中心に解説しますが、予算編成が財政課と各部局の調整作業の連続であるように、財政課の仕事の対極には必ず、各部局の財政担当の仕事があります。したがって、財政課の仕事を知ることができれば、各部局の財政担当の仕事を知ることもできるのです。

▶▶ 財政課の仕事は予算編成だけではありません

　財政課がどんな仕事をしているのか、A市の事務分掌をみてみましょう。もちろん、詳細については、後ほど解説します。

①**財政計画に関すること**

　単年度の「つじつま」合わせだけでなく、中長期的な見通しを持つということです。

②**予算編成に関すること**

　1年度の間に必要な経費（支出）とその財源（収入）を歳入歳出予算

としてまとめます。一口に「予算」といいますが、予算には、歳入歳出予算を含め、全部で7つの事項が定められています。

③予算の配当と執行に関すること
議決された予算を各部局に配当し、適正に執行されるよう管理します。

④資金計画に関すること
歳入歳出（収入支出）の予定を把握し、計画的に資金を運用します。

⑤地方交付税に関すること
地方交付税の計算を行います。

⑥地方債に関すること
地方債による資金の借り入れ、償還を行います。

⑦決算統計及び財政分析に関すること
決算統計や財務諸表を作成し、その内容を分析、検討します。

⑧財政事情の公表に関すること
財政状況を住民にお知らせします。

⑨財政の総合調整に関すること
お金にまつわることは何でもやるということです。

このように、財政課の仕事は予算編成だけではありません。

▶▶ お金があってもなくても財政は厳しい

　お金持ちの家でも、そうでない家でも、財布を預かっているお母さんが口を揃えて「家計は苦しい」と言うように、自治体の財布を管理している財政課は常に「財政は厳しい」と言います。
　首長が「あれがしたい、これがしたい」と言っているのに、財政課はなかなか首を縦に振ろうとしません。
　「財政は厳しいと言うけど、毎年度の決算は黒字だし、今年もちゃんと予算が組めたじゃないか！」と思う方もいるかもしれません。
　そのとおりです。
　確かに、もし最初から各部局の要求する歳出総額が歳入総額と一致するか、それ以下なら、膨大な事務量を伴う「予算査定」は必要なくなります。

しかし、実際には、予算要求する各部局は自治体の財政状況と無関係に予算を要求します。そして、ほとんどすべての場合、歳入総額＜歳出総額となり、歳入総額＝歳出総額に「つじつま」を合わせるため、財政課と各部局の財政担当との間で厳しい「予算査定」が始まるのです。

つまり、「財政は厳しい」というのは予算査定が厳しいのであって、財政事情を各部局にわかってほしいという財政課の悲痛な叫びなのです。ですから、お金があってもなくても「財政は厳しい」のです。

▶▶ 財政課のジレンマ

それでは、どうしましょう？

歳入増が見込めない状況では、歳入と歳出の「つじつま」を合わせるためには、歳出を削らざるを得ません。

でも、財政課がすべての事業に精通しているわけではなく、行政評価もそれだけで切り込めるほど制度は成熟していません。

そこで、「切りやすいところから切る」ことになり、財政課では「切る」能力が評価されるようになります。

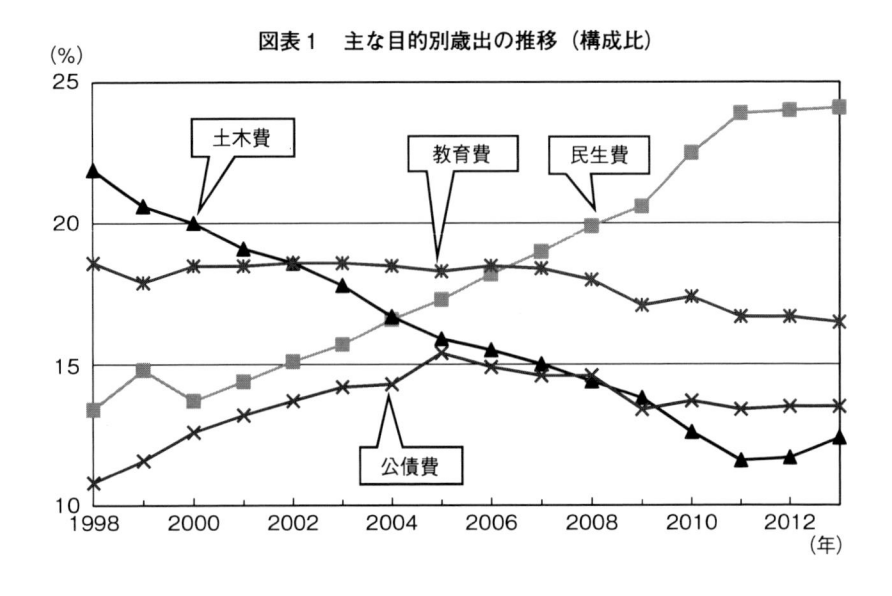

図表1　主な目的別歳出の推移（構成比）

(%)
土木費　教育費　民生費　公債費
1998　2000　2002　2004　2006　2008　2010　2012（年）

しかし、住民に直接給付する扶助費や補助金などは切り難く、反対に道路や施設の維持更新などは「もう少し使えるだろう」「来年にしよう」という理由で先延ばしできるため、比較的切りやすい経費です。

　図表1は、全国自治体の総決算額の推移（目的別構成比）を主な費目に着目してグラフにしたものです。目的別にみると民生費は年々上がり、土木費は年々下がっていることがわかります。

　図表2は、同様に性質別構成比をグラフにしたものです。性質別にみると扶助費は年々上がり、普通建設事業費は年々下がっています。

　切りやすいところから切らざるを得ない、財政担当の苦労はこの2つの図表から明らかです。

　もっとも、これは全自治体の平均的な姿ですから、まだ余裕のある自治体もあれば、もっと厳しい自治体もあるので、注意が必要です。

　自治体によっては、「公平に切り込む」という名目で、事業の良し悪しにかかわらず、一律〇〇％カットという暴挙に出る場合もあります。

　果たして、本当にこれでいいのでしょうか？

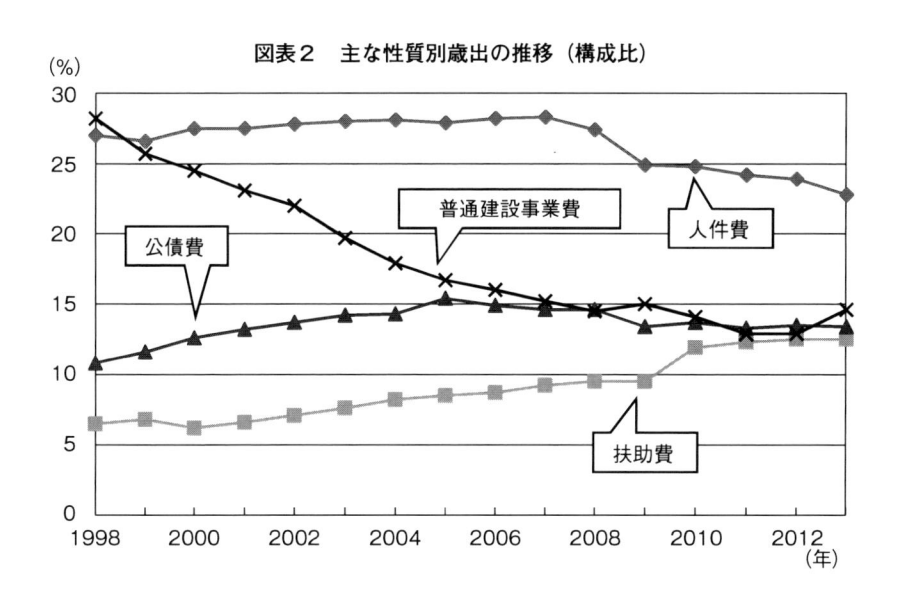

図表2　主な性質別歳出の推移（構成比）

▶▶ 一律カットとマイナスシーリング

　財政課の最大の命題は歳入と歳出の均衡を図ることです。歳入総額が95億円、歳出総額が100億円という要求があったとき、歳出を5％ずつカットすれば歳入＝歳出になります。これが一律カットです。

　このとき、前年度の歳出予算額が100億円でしたら、予算要求の段階で、あらかじめ上限額を前年度予算額のマイナス5％と決めておけば、歳出総額を95億円にできます。これがマイナスシーリングです。

　しかし、実際はそんなに簡単にはいきません。

　歳出総額100億円のうち、切り難い経費と切りやすい経費がそれぞれ50億円ずつあったとします。不足する5億円を切りやすい経費から捻出しようとすれば、切りやすい経費を一律10％カットするか、あらかじめ10％のマイナスシーリングをかける必要があります。

　図表3は、全国自治体の総決算額を性質別に3つに分類し、構成比の推移を示したものです。切り難い義務的経費は年々上がり、切りやすい投資的経費は年々下がってきました。しかし、近年では構成比の変化が少なくなり、切りやすいところから切る方法も限界に達していることがわかります。

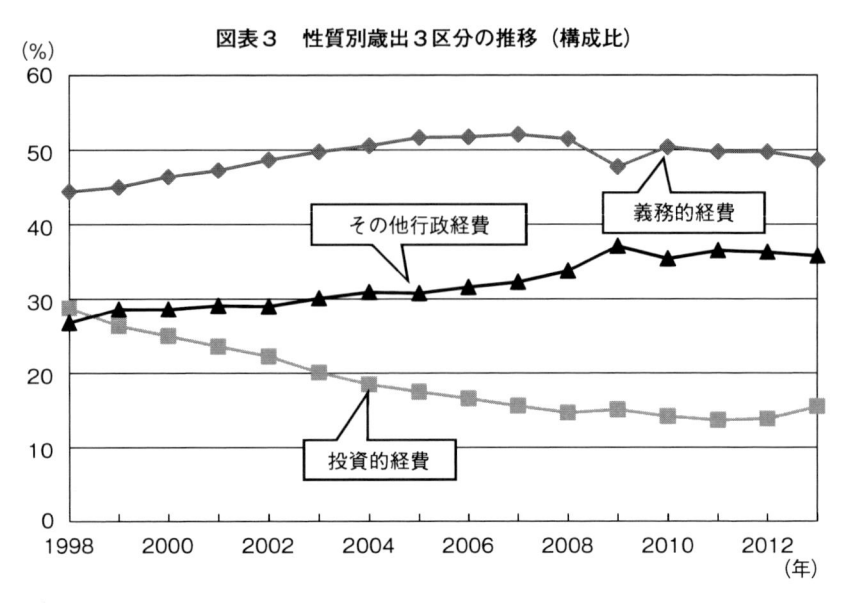

図表3　性質別歳出3区分の推移（構成比）

▶▶ 各部局の嘆き

　予算査定とは、財政課と各部局の財政担当との間で行われる予算の調整作業ですが、厳密にいえば首長だけが行えるものです。
　財政課はいわば露払い、事前調整を行っているにすぎません。
　しかし、最後は首長の威を借りて、切ります。
　どれだけ強く要求しても切られてしまえば、あとは与えられた予算を間違えないように粛々と消化するのが各部局の仕事です。
　トラブルが生じたとき、「財政当局（財政課ではない）に予算を切られた」と言い訳することがありますが、それが対外的に通用しないことは、賢明な皆さんならおわかりいただけると思います。予算は、それを執行する段階で、すでに首長の決定と議会の議決を経ているからです。
　だから、財政課ではなく「財政当局」なのです。
　それでも、良心のある部局では、いろいろ知恵を絞ってコストを削減し、予算を残します。しかし、次年度の予算査定では、「実績を反映して」、あるいは「予算編成時の見込みが甘かった」などという理由で、予算は削減され、残した予算は財政課の「つじつま」合わせに使われてしまうのです。
　努力しても評価されるのが財政課だけという制度の下では、各部局が創意工夫、努力を惜しむようになってもおかしくありません。
　では、どうすればよいのでしょうか？
　「頑張ってくれたんだから、せめて褒めてあげなければ」と思ったとしたら──、それは違います！
　皆さんが財政課の職員なら「ありがとう」と感謝の言葉を使いましょう。「褒める」のは上の者が下の者に対して使う言葉であって、財政課と各部局の財政担当は対等な関係でなくてはならないからです。
　「ありがとう」の一言によって、財政課と各部局の財政担当の間に、強い連帯感が生まれることになるでしょう。
　なお、包括予算制度（予算の枠配分制度）では、「ありがとう」の代わりに残した予算を次年度以降の予算に加算して使うことができるというインセンティブが働きます。

▶▶ 行政評価は各部局を「褒める」制度

冒頭で紹介したＡ市の財政課の事務分掌には、こんなものもありました。

⑩事務事業評価に関すること

Ａ市では、包括予算制度（予算の枠配分制度）を導入していますが、この制度によって財政課の査定作業を各部局に大幅に移譲したため、予算執行後（事業執行後）の評価を財政課で行う余裕ができたのです。

行政評価の中で事務事業評価は、現在実施している事業がどれだけの成果を生み出しているか、そのコストや効率性を検証、評価し、改善につなげるためのマネジメントシステムです。しかし同時に、事業を実施している部局を「褒める」制度でもあるのです。もちろん褒めるのは財政課ではなく、首長や市民です。

努力して評価されるのは、努力した部局の職員でなくてはなりません。評価されて嬉しくない職員はいません。

こうして、職員のモチベーションは間違いなく上がるのです。

▶▶ 心配いりません！

このように財政担当の仕事は、財政課と各部局の財政担当が二人三脚で行う仕事がほとんどです。本書をお読みいただき、両者で足りないところを補い合えば、通常の仕事は前に進みます。もし、通常ではない特別な事態が発生した場合は、財政課の先輩に相談しましょう。きっと、快くアドバイスしてくれるはずです。

なぜなら、先輩自身も、そうやって勉強してきたからです。

Ａ市では、こうした「先輩」を財政のスペシャリストとして育てる「複線型人事制度」を導入しています。でも、財政のスペシャリストの活躍する場は財政課や各部局の財政担当だけではありません。

どこでしょうか？

ずばり、お金のないところです。お金の代わりに知恵を出す。知恵を出すことが楽しい。それが財政のスペシャリストです。

12 ◎…財政担当の年間スケジュール

▶▶ 財政課の1年

　財政担当の1年は、財政課の1年と言っていいでしょう。それは、財政担当のほとんどの仕事が、財政課から各部局への「お願い」で始まり、各部局への「ありがとう」で終わるからです。

　財政課の1年は、主要な仕事である予算編成の日程によって決まります。予算の中でも当初予算は、遅くとも年度開始前、都道府県と政令市では30日、その他の市と町村は20日までに、予算案を提出しなくてはなりません（3月2日と3月20日です）。このため、2月から3月にかけて予算を審議するための議会が開催されます。

　補正予算は必要に応じて、議会の開会に合わせ6月、9月、12月に提案するのが一般的です。議会開催の日程が決まると、それぞれの議会の規則で定められた日までに予算案を送付しなければなりません。ですから、予算編成の日程は議会日程によって決まります。

　議会日程は首長の日程とともに、自治体運営の基本となるものです。したがって、比較的早い時期に決まります。ですから、財政課の年間スケジュールも早く決まるわけです。財政課の仕事は締切り厳守、ミスの許されない仕事ですが、先の読める仕事です。予定されている仕事を前倒しすれば、空き時間をつくることも可能です。

　「7月は海外に行ってリフレッシュしたい！」という方もいるでしょう。

　これを実現するためにも、財政課の年間スケジュールを二人三脚の相方である各部局の財政担当に早く伝えてあげてください。どんなお土産よりも喜ばれるはずです。

図表4　財政課の年間スケジュール

4月	・予算の配当　・予算の繰越 　　　　　　　・決算見込み調査 　　　　　　　　・前年度債借り入れ
5月	・6月補正予算編成 　　　・決算整理　・起債計画書提出（第一次） 　　　　　　　　・普通交付税基礎数値報告 　　　・繰越計算書作成 　　　・出納閉鎖(5/31)
6月	[6月議会] ・決算統計作成 ・健全化指標作成 ・財政事情公表（下半期） 　　　・事務事業評価 　　　・施策評価
7月	・次年度予算フレームヒアリング 　　　　　・決算カード作成 　　　　　・普通交付税交付決定（当初算定） 　　　　　・行政評価（第三者評価）
8月	・9月補正予算編成 　　　・決算成果報告書作成 　　　・財務諸表作成 ・次年度予算編成方針発表
9月	・次年度予算要求 [9月議会]　・特別交付税基礎数値報告 　　　　　・起債協議書提出（第一次） 　　　　　・行政評価（とりまとめ）

18

10月	9月議会	決算委員会 ・決算の認定
11月		・12月補正予算作成 ・次年度予算査定開始 　　　　　　　　　　・交付税調査 ・議会による予算要望 ・次年度予算要求締切り ・次年度予算査定（課長）
12月	12月議会	・財政事情公表（上半期） 　　　　　　・起債計画書提出（第二次） 　　　　　　・特別交付税交付決定（12月交付） ・次年度予算査定（部長）
1月		・3月補正予算編成 ・次年度予算査定（首長）
2月		・地方財政計画の公表（国）・普通交付税交付決定（再算定） ・次年度予算内示・公表
3月	3月議会	予算委員会 　　　　　　　・起債協議書提出（第二次） ・予算の決定　・特別交付税交付決定（3月交付）

1/3 ◎…財政担当必読の書

▶▶ わかりやすい予算説明書

　財政担当になった皆さんに、必ず読んでほしいもの（書）があります。

　「わかりやすい予算説明書」です。

　「わかりやすい予算説明書」は法律で定められた「予算書」とは別のもので、住民の方々に予算をわかりやすく説明し、予算を知ってもらうことを目的に作られたものです。

　ですから、財政担当になった皆さんに、必ず、読んでいただきたい。

　そして、次の予算編成の際には、皆さんの手で、「もっとわかりやすい予算説明書」を作ってほしい。それは、皆さんが財政担当になったばかりだからです。皆さんがわかり難いと思った点を改善すれば、「わかりやすい予算説明書」は「もっとわかりやすい予算説明書」に成長します。

　どうして、予算書はわかり難いのでしょう？

　法律によって作成が義務付けられている予算書は、予算執行に必要な最少限のことしか書かれていません。その様式についても政令で細かく定められており、他自治体との比較や年度間の比較を行うため、簡単に変えることができないことになっているからです。

　自分のまちの「わかりやすい予算説明書」が見つからない、という方もいるかもしれません。

　「わかりやすい予算説明書」は法律で作成が義務付けられているわけではないので、名称も「予算概要」「予算のあらまし」など、自治体によって違います。作成していない自治体もあります。

では、ないときはどうすればよいでしょうか？
皆さんが作りましょう！

▶▶ もっと知りたいことしの仕事

　予算書は、会計科目（款(カン)・項(コウ)・目(モク)・節(セツ)）ごとの積算に間違いがないことが重要です。事業については事業の名称しか書かれていません。これに対し、「よくわかる予算書」は事業ごとの説明があり、自治体が何をどのようにしようとしているのか、住民の知りたいことがわかるよう、工夫されています。

　「わかりやすい予算説明書」は自治体が任意に作成するものなので、その形態、内容はさまざまです。しかし、「予算書」にはない、概ね次のような情報が、住民の方々にわかるよう、平易な言葉で書かれています。

①**予算の名称**
　予算に名称を付けて、この予算を使って何をしようとしているのか、その方向性や重点施策を明示する自治体があります。

②**予算編成方針、予算編成の基本的な考え方**
　予算は行政サービスの質と量、そして方向性を示す重要な計画です。また、予算編成には財政担当ばかりでなく、多くの人が関わりますから、方針や考え方を統一しなければ収拾がつかなくなってしまいます。
　ここで首長が施政方針を語ることもあります。

③**財政状況**
　歳入歳出の近年の推移、借金や積立金の状況などが、図やグラフを使って、わかりやすく解説されています。

④**今後の財政運営の見通しと課題**
　財政と不可分な関係にある経済動向、国や他自治体の動き、歳入歳出の見通し、それにどんな財源対策を行ったか、財政運営上での課題などが整理されています。

⑤**主要施策のあらまし**
　絵や写真をふんだんに使って、事業のＰＲが行われます。財政課は統

一感を出したいと考える一方、各部局の財政担当はオリジナリティを出して売り込みたいと考えます。ここは財政担当の腕の見せどころです。

このように、「わかりやすい予算説明書」は財政課と各部局の財政担当の、汗と涙の結晶です。「わかりやすい予算説明書」を読まずに財政担当を語ることはできません。

1995年、北海道ニセコ町は町の全事業について詳細な説明を加えた資料を全戸に配布しました。これが「わかりやすい予算説明書」の元祖だといわれています。

ニセコ町の「もっと知りたいことしの仕事」は、どのような事業を、どのくらいの経費をかけて実施するのか、事業1つひとつに説明を付けたもので、財源の内訳や住民に知って欲しい情報（お知らせ）なども盛り込まれています。

これなら、議会で「明細書の××ページの○○事業って、どんな事業？」といった質問が飛ぶことはありません。

ニセコ町が秀逸なのは、これを全戸配布したところですが、驚くのは、住民の8割以上が「見ている」ことです（内閣府の調査による）。しかも、6割以上の住民が「必要である」と答えています。自治体の「伝える」努力が住民の関心を呼び起こしたのか、あるいは、住民は「無関心」を装っているだけで、もともと「知りたい」という欲求を持っていたのか、きっと、その両方なのでしょう。

巻末の資料編には財政上の基礎的な情報のほか、近隣自治体との比較表が掲載されています。発行したばかりのころは「余計なお世話」と批判もありましたが、これがニセコ町の住民を刺激したのかもしれません。

かくして、ニセコ町の「もっと知りたいことしの仕事」はベストセラーとなりました。全国の自治体で「よくわかる予算書」が作られるきっかけになり、いい意味での自治体間競争を促しています。

図表5　わかりやすい予算説明書のイメージ

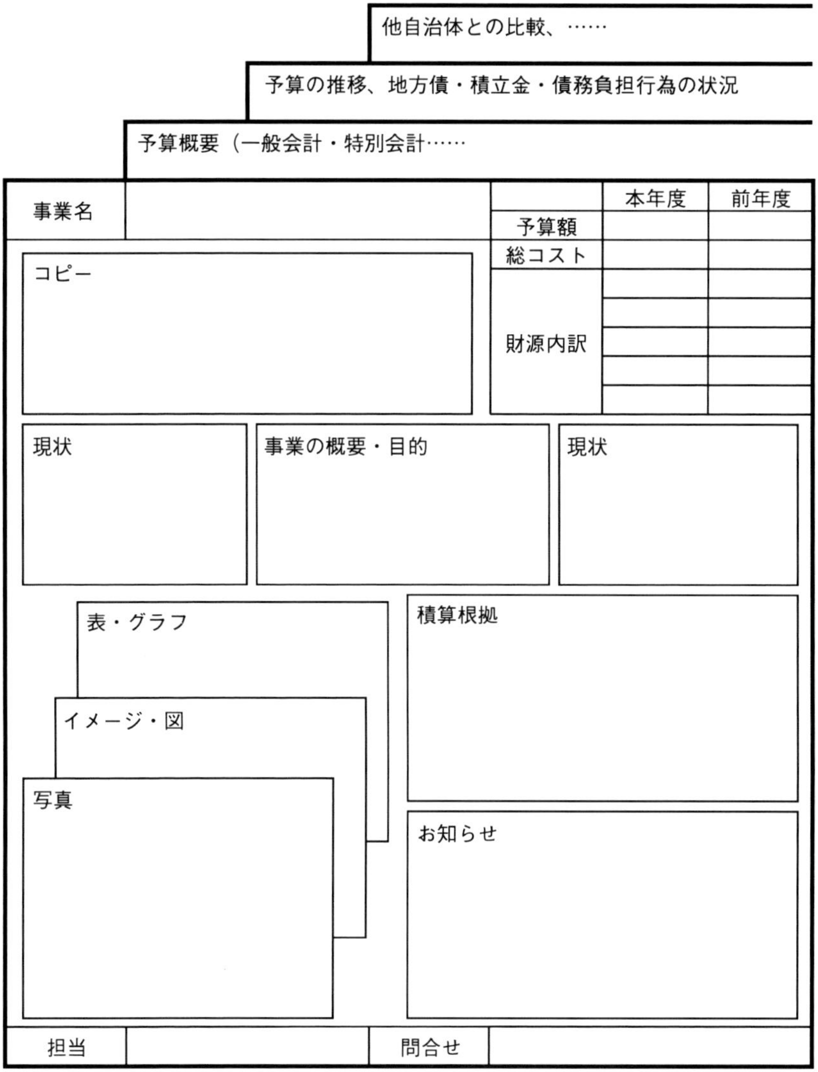

他自治体との比較、……

予算の推移、地方債・積立金・債務負担行為の状況

予算概要（一般会計・特別会計……

事業名			本年度	前年度
		予算額		
コピー		総コスト		
		財源内訳		

現状	事業の概要・目的	現状

表・グラフ

イメージ・図

写真

積算根拠

お知らせ

担当		問合せ	

第1章　財政担当の仕事へようこそ

1-4 ◎…財政担当に欠かせない3つの力

▶▶ 3つの「力」

　財政担当に必要な「力」とは何でしょうか。

　数字の集計や分析はコンピュータがやってくれます。したがって、計算力はそれほど必要ではありません。必要なのは、①コミュニケーション力、②想像力と創造力、③自己管理力の3つです。

　でも、これらの「力」がないから、あるいは十分でないから財政担当が務まらないかというと、そうではありません。その「務まらない」というイメージは自分自身で作り出した限界に過ぎないからです。自分の可能性は、常にそのイメージの外側にあります。財政担当を務めることは、自分自身で作った限界を打ち破る（イメージチェンジする）絶好のチャンスなのです。

▶▶ コミュニケーション力

　財政担当の仕事は、現場の仕事を知ることから始まります。仕事とは現場で起きている課題を見つけ、それを解決することですが、そのために、どこにどれだけのお金をかければいいのか、判断するための材料を見つけ出すのが財政担当の仕事です。しかし、担当する仕事の範囲は広く、しかも判断にかけられる時間は限られています。

　そこで大切なのが、「現場の力」を借りることです。

　期限までに資料を揃えてもらう、資料では説明できない情報を入手する、事件事故があったときは迅速に報告してもらう、こうした人間関係が財政担当には必要です。

現場は忙しいですから、間違っても無駄な資料を要求してはいけません。資料をお願いするときは、「何のために、いつまでに必要なのか」目的と期限を明確にします。目的を共有するとしないとでは資料の出来栄えに大きな差が出ます。また、仕事に期限の無いものなどありません。
　そして、資料をいただいたら、「〇〇の役に立ちました。ありがとうございました」と必ず、口に出して言いましょう。思っていても口に出さなければ相手に伝わりません。相手に自分の気持ちが通じて初めて、良好な人間関係が作れるのです。
　口に出すといえば、予算査定の中で「付ける・付けない」「切る・切らない」という言葉を耳にしますが、感心しません。予算査定は財政課と各部局の調整行為であり、ともに住民のために最善、最適の選択を行うよう議論するわけですから、そこに何ら上下関係があるわけではありません。平等な関係だからこそ、より良好な人間関係が作れるのです。
　コミュニケーション力については、9-6で詳説します。

▶▶ 想像力と創造力

　「もし、この仕事を止めたらどうなるだろう？」と考えたことはありますか。
　そんなことは想像したこともない、という方もいるかもしれません。
　このとき働く「力」が想像力です。これまでの知識や経験をふまえて「どうなるだろう？」と推理するわけです。
　「昨年もやったのだから今年も同じでどこが悪いの？」と現場は考えます。
　現場は前例踏襲主義です。それは楽だし（失礼）、それにはそれなりの理由があって続けてきたわけです。しかし、財政担当である皆さんは現場で行われている事業をゼロベースで見直さなくてはなりません。ゼロベースとは白紙の状態のことで、今の仕事を否定することから考えることです。
　「止めたらどんな支障が出るのか？」
　「もっと効率的にできる方法はないか？」

お金があれば、お金で解決することもできます。しかし、お金がないときは、知恵を絞らなくてはなりません。

そんなときこそ、現場と一緒に考えましょう！

現場を知らないからこそ出せるアイデアがあります。皆さんは、その現場のことは知らないかもしれませんが、他のいくつもの現場を見て、聞いて、歩いてきたはずです。財政担当になると、現場との距離は遠くなりますが、たくさんの現場を抱えることになります。他の現場で使った手法が使えることもあります。何より、皆さんがアイデアを出すことで現場は大いに触発されるでしょう。それがねらいです。現場にはたくさんの課題がありますが、それを解決するためのヒントも現場にあります。現場で作ったアイデアが実現できれば、現場の士気も財政担当である皆さんの株も上がることは間違いありません。

仕事がうまくいったときのことを考える「力」が想像力です。

想像したものを実現する「力」が創造力です。

▶▶ 自己管理力

財政担当の仕事は、他人の仕事に踏み込む仕事です。したがって、自分に厳しく、他人にやさしくありたいものです。自分を律するには、時間、健康、モチベーション、主に３つのコントロールが必要です。

①時間のコントロール

どんな仕事にも締切りがありますが、予算編成など財政担当の仕事の多くは議会日程の締切りと不可分であり、時間との勝負です。いくら「いい仕事」をしても締切りに間に合わなければ０点です。

でも、「仕事量がとても多くて自分だけではこなせそうにない……」という場合もあるでしょう。

そんなときは、同僚の力を借りましょう！

私たちの仕事は組織で行います。締切りに間に合わず致命的な結果に終わる前に、組織として対策を講じなくてはなりません。ですから、仕事量を予測して早めに（締切りに間に合うように）応援をお願いするのです。

応援を求めることは、決して恥ずかしいことではありません。しかし、もし、応援を求めず締切りに間に合わなければ、信用をなくすばかりでなく、財政担当としても、組織人としても失格と言わざるを得ません。

②健康のコントロール

いい仕事をするためには「健康」であることが不可欠です。しかも、財政担当は代役の務まることが少ない仕事です。皆さんの代わりはいません。誰も好んで病気になるわけではありませんが、病気にならないよう、毎日の健康管理が重要なのです。

定期健康診断は必ず受けましょう。

でも、体調が悪くて休まなくてはならない……という場合もあるでしょう。

そこで、いざというときに休めるよう、日頃から、休んでもいいように準備しておくことが大切です。

例えば、書類を決められた場所に保存する、あるいは書類にインデックスを付けておく。そうすれば、自分の身に何かが起こっても、同僚に電話で指示することができます。

また、今日できる仕事は今日やりましょう。締切りがまだ先の仕事でも、前もってできる仕事は、その日のうちにやってしまいましょう。そうすれば時間を貯蓄することができます。貯蓄した時間を有意義に使って、心身ともにリフレッシュするのも健康の秘訣です。

③モチベーションのコントロール

「最近、やる気が出ないな……」というときもあるかもしれません。

そんなときは、違う仕事に没頭しましょう。あれこれ考えるより、行動を起こすと気分を変えることができ、「やる気スイッチ」が入ります。

また、「仕事の証」を保存して、自分の仕事を「見える化」することも有効です。私は仕事で使ったリーフレットやチラシ、新聞の切り抜きなどをクリアファイルに保存しています。そして、モチベーションが下がったとき、「私はこれだけやってきた」と思い返し、「やる気スイッチ」を入れ直すのです。

仕事の証に履歴書を書いてみましょう。私たちの仕事は、異動はあっても基本的に転職のない仕事です。特殊な場合を除いて履歴書を書く機

会はありません。この際、どこの部・課・係で、どんな仕事をしてきたのか記録に残しましょう。誰かに見せるわけではありませんから、正確でなくてもお咎めなしです。

　このような「やる気スイッチ」をたくさん作りましょう。

　仕事上の悩みやストレスは周囲に話しましょう。仕事以外の悩みも同じですが、他人に聞いてもらうだけで軽くなるものです。

　話を聞いてもらえる人がいないときは、専門の相談室などを利用しましょう。悩みやストレスを抱えているのは、皆さんだけではありません。

　人に話すのがどうしても嫌だったら、「紙」に書き出しましょう。「紙」は皆さんの悩みやストレスを黙って、皆さんの気の済むまで聞いてくれます。私は「手帳」をスマートフォンやパソコンなどではなく、「紙」にしています。いつでも、どこでも開くことができ、見ることも書くこともできるからです。

　何時間か、何日か経った後、皆さんは「紙」や「手帳」の中でもう一人の自分に出会うことができます。悩んだり、苦しんだりしている自分です。そんなときは、こう声をかけてください。

　「君はよくやっている」と。

COLUMN・① スタートライン

　「T本町四丁目児童遊園」は私の出勤途上にあります。
　雨の日も風の日も、四季折々の花や木、鳥のさえずりや虫の音が私の心を和ませ、「やる気スイッチ」を入れてくれます。
　ここは以前、うっそうとした森のような公園で、見通しは悪く訪れる人もまばら。災害時の避難に障害となることから、地元との話し合いで防災緑道として再整備することが決まっていました。その工事の予算執行（執行委任）を決定する稟議が回ってきたのは1998年の春、私が財政課長に就任したばかりのことでした。
　「この公園の改修工事に４千万円もの税金はかけられない」
　判子を押さない私に、担当部長ほか大勢の職員が押し掛けてきました。
　「議会で認められた予算なのになぜ、執行できないのか！」
　「地元との約束はどうする！」
　「責任とれるのか！」
　私は、予算編成時に比べ財政事情が悪化しており、執行時でも施策に優先度を付けなければならないと訴えました。思えば、それが「予算の重さ」を初めて知った瞬間でした。
　今でも、この公園を歩くたびに当時のことを思い出します。
　「防災機能は確保し、どこで経費を節約できるか考えてみましょう」
　改修工事を担当するS係長の言葉で私はやっと解放されました。
　「こんなことは前代未聞だ！」
　「何様だと思ってる！」
　容赦ない捨てゼリフは若い課長への戒めだと聞き流しました。
　こうしてできあがった再整備案は公園の遊具、樹木の一部を再利用し、経費を当初予算の半分近くに圧縮するというものでした。
　「予算」は重い。しかし「予算」を使う責任はもっと重い。
　「T本町四丁目児童遊園」は、私のスタートラインになりました。

　　　　　＊　　＊　　＊　　＊　　＊

その公園が今、隣接する区営住宅と合わせ改築工事に入っています。建物は高層化（地上11階建）され、区営住宅は現在の３倍（120戸）の大きさになり、他の２つの住宅を吸収し、住区センター、福祉事務所を併設する複合施設（床面積約１万平米）に生まれ変わるのです。

　どの自治体も、過去に建設し老朽化した公共施設が大量に更新時期を迎えようとしています。また、少子高齢化、人口減少や住民ニーズの変化等により公共施設の需要は大きく変わりました。一方で、自治体財政は厳しい状況にあり、公共施設の全体を把握し、長期的な視点をもって、更新・統廃合・長寿命化などを計画的に行い、財政負担を軽減・平準化するとともに、公共施設の最適配置を実現しなければ、自治体は維持できなくなってしまいます。

　公園は、公共施設の統廃合、複合化の新しいモデルとして、複合施設の敷地の一部になろうとしているのです。

　工事現場の入口に、この現場が公契約条例の適用を受けているという旨の掲示があります。公契約条例のねらいは、公共工事等における労働者の賃金を一定水準まで保障することによって、過度な価格競争を抑制し、業務や工事の品質を向上させるとともに、そこに働く労働者の労働条件の低下や雇用不安を払拭することにあります。そして何より、若者の建設業離れを防止し、雇用と企業の安定を図り、日本の産業を支えることが、公契約条例の究極の目的なのです。

　公園は、公契約条例適用第一号の現場になりました。

　改築工事によって公園は消えてしまいます。私の心を和ませてくれた花や木を見ることも、鳥のさえずりや虫の音を聞くことも、日課にしていたゴミ拾いも、もう、できなくなるかもしれません。

　しかし、公園は公共施設の最適配置のモデルとなり、産業と雇用を守る未来のモデルとして残るのです。

　私は、毎朝、ここを通るたびにそのことを思い出し、「やる気スイッチ」を入れることでしょう。

　かつて、「予算」を使う責任の重さを教えてくれた「Ｔ本町四丁目児童遊園」は、複合施設に生まれ変わっても、なお、私のスタートラインなのです。

第2章

決算

2-1 ◎…決算整理

▶▶ 決算を意識して最終補正予算を編成する

　２〜３月に開かれる３月議会に提出する補正予算を「最終補正予算」と呼ぶことがあります。予算に修正を加える最後のチャンスだからです。

　財政課はすべての部局に対し、補正予算の必要の有無を確認します。特別なことがなければ、年度末までに執行の見込みのないものは歳出予算から落とし（削減し）、入る見込みのない収入は歳入予算から落とすのが、３月補正予算の重要な役割です。

　歳出予算の執行率が低いと、不用額（執行残）が出た理由について説明を求められます。正確に予算を補正すると、歳出予算の執行率を上げることができます。

　いま、100万円の歳出予算が組まれていて、60万円執行した場合、執行率は60％です。しかし、歳出予算を20万円減額補正して80万円にすれば執行率は75％に上がります。歳入予算の対予算収入率も同様です。

　最終補正予算は決算で収入＝支出が実現できるよう編成します。歳出予算は執行残が必ず出ますし、歳入予算は収入超過、不足、両方の可能性があります。成り行きに任せておくと、大幅な黒字決算、赤字決算になりかねません。そうなると、これも説明を求められます。

　最終的に赤字決算を防ぐにはお金が必要です。一番確実に調達できる財政調整基金を使えるよう、歳入予算に（補正予算で減額せず）残しておきます。赤字になったら、必要額を取り崩して収入とし、黒字になったら取り崩し額を減額すればいいのです。

　また、黒字を防ぐには、支出名目が必要です。財政調整基金や他の基金に積み立てることができるよう、歳出予算に計上します。黒字になっ

たら基金に積み立て、赤字になったら積立額を減額すればいいのです。

▶▶ 決算整理

4月1日～5月31日の間は、地方公営企業法の適用を受ける公営企業会計を除き、出納整理期間といって、前年度と現年度の2つの会計（財布）が開いている時期です。各部局の財政担当は現年度の事業執行をスタートさせながら、前年度の収支処理を行いますので、事務が集中し、間違いや問題の発生しやすい時期でもあります。

前年度で支出（収入）すべきところを現年度で支出（収入）してしまった。年度末までに予定していた工事が完了しなかった。5月31日の出納閉鎖をもって前年度会計の収支は動かせなくなりますから、5月31日までに年度振り替えや予算の繰越しなどの手を打たねばなりません。

自治体の収支は歳出予算で支出の上限を決めているので、使い残しはあっても、使い過ぎになることはありません。これに対し、歳入予算は単なる見込みに過ぎず、超過することも不足することもあります。

財政課は全部局に対し、前年度会計の決算見込みの提出をお願いします。そして、一般会計、特別会計、各会計ごとに、収入済額と支出済額の差である形式収支から、繰越財源を差し引いた実質収支が赤字になら

図表6　形式収支と実質収支

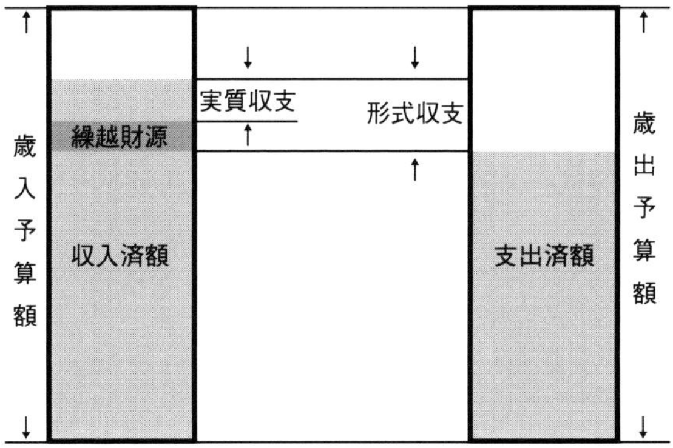

ないよう、大きな黒字にならないよう、5月31日までに調整するのです。

　各部局から出た決算見込みを集計した結果、歳入が「超過」なら形式収支は黒字です。歳入が「不足」であっても、「使い残し」の方が多ければ黒字、少なければ赤字になります。各部局から提出された決算見込みを精査した段階で、各部局の力では形式収支も実質収支も動かすことはできません。あとは財政課の仕事です。

　歳入予算には、基金や他会計からの繰入金、地方債の借り入れによる収入が計上されています。一方、歳出予算には、基金への積立金、他会計への繰出金が計上されています。これらを予算どおり支出（収入）する、しないの選択をすることによって、収入と支出の差である実質収支を動かすのです。

　「それって、粉飾決算？」と思う方もいるかもしれません。

　いいえ、これは「決算整理」と呼びます。決算書を作るのは会計管理室の仕事ですが、その前に、財政課はこんな仕事をしているのです。

▶▶ もし、決算が赤字になったら（繰上充用）

　問題は、繰入れ、借入れを予算額いっぱいまで行い、積立て、繰出しをできる限り抑制してもなお、実質収支の赤字を埋められなかった時です。

　そんなときは、赤字決算を免れるため、翌年度の歳入を繰り上げて充てることができます。「繰上充用」（自治令166条の2）と呼ぶ非常手段です。前年度の会計が開いている出納整理期間のうちに、現年度の歳出予算に「前年度繰上充用金」を計上（補正）して、執行（支出）し、「つじつま」を合わせます。議会を開催する暇がなければ、補正予算を首長限りで専決処分（自治法179条）することもあるでしょう。

　もちろん、「繰上充用」によって形式的に赤字を防ぐことはできますが、実際には現年度の予算を先食いしているだけですから、現年度は繰上充用した額以上の歳入確保・歳出削減を実現しなければならないのは自明の理です。

大きな黒字がいけない理由

企業や家庭では喜ばれる黒字ですが、自治体ではどうでしょう？

民間企業で働く人の多くは、「役所はいいよな。仕事しなきゃ金が残るもの」と思うかもしれません。

しかし、万一、過剰な黒字が出るとしたら、それは行政サービスの向上か、もしくは住民負担の軽減に充てられるべきです。予算の見積りに問題があった可能性もあります。喜んでばかりはいられません。

ジャンプ方式

2007年に財政破綻したY市では予算に表れない一時借入金（p.91参照）を巧みに使った「ジャンプ方式（俗称）」が用いられました。図表7を見てください。

N年度の特別会計にA円の赤字が出ます。本来ならN年度の一般会計から繰出金で埋めるところですが、資金不足なので貸付金（歳出）でしのぎます。歳入は同額の償還金（返還金）です。もちろん、この償還金が入ってくる見込みはなく、放っておくとN年度の一般会計が赤字になってしまいますので、（N＋1）年度の特別会計に償還金（歳出）A円と借入金（歳入）A円を計上し、N年度の出納が開いている出納整理期間中に一般会計にA円を償還（返還）します。

これで、N年度の特別会計、一般会計の赤字を消すことができました。

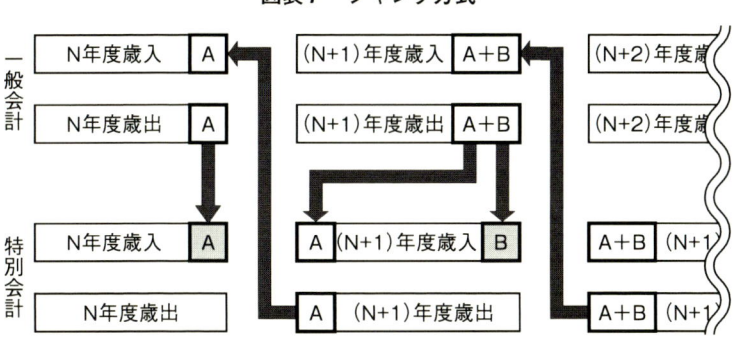

図表7　ジャンプ方式

しかし、この方法には2つの問題があります。

この方法では現金を捻出することができません。そこで、一時借入金（自治法235条の3）を使いました。

税や地方交付税、国庫補助金などの収入は必ずしも支出のタイミングに合わせて入ってくるわけではありません。一時借入金は、そうした支出の一時的な資金不足を補うために設けられた制度で、金融機関から借り入れます。一時借入金は、歳入と歳出の見積りである予算を動かすわけではないので、歳入歳出予算に計上することなく、予算で借入れの最高額を決めることになっています。また、一時借入金は、その年度の出納閉鎖までに償還しなくてはなりません。

これでA円の現金を調達することができました。

もう1つの問題は、（N＋1）年度の特別会計に計上した借入金（歳入）A円の処理です。歳入の確保や歳出の削減が目標どおり行うことができれば、これを消す（歳入予算からA円を減額する）ことができます。当初は、そういう目論見だったはずです。しかし、実際はA円を消せないばかりか、（N＋1）年度に新たにB円の赤字が出てしまいました。

どうしましょう？

残念ですが、（A＋B）円の赤字を再び、ジャンプ方式で埋めることになってしまったのです。Y市の場合、この赤字額は積もりに積もって360億円に達しますが、これは同市の財政規模の約8倍に当たります。

もちろん、ジャンプ方式はY市だけのものではありません。法律の隙間をついた先達の悪知恵です。

こうした悪知恵は（ここには書けませんが）他にもあります。

また、各部局の財政担当の周りにも、さまざまな悪知恵があります。カラ出張、裏金は社会問題となり、マスコミにも大きく取り上げられました。会計検査院が多くの自治体で不正な経理手続き（預け金、一括払い、差替え、翌年度納入、前年度納入など）が行われていたと指摘したこともありました。

これらも、予算を上手に（？）使おうとした先達の悪知恵です。

こうした悪知恵を因習にしない！

これはフレッシュな皆さんにしかできない仕事ではないでしょうか。

2-2 ◎…決算とは

▶▶ 財政担当としての決算の意義

　決算とは、一会計年度の歳入歳出予算の執行結果をまとめた収支計算書です。会計管理者は、出納閉鎖後3か月以内（8月31日まで）に決算書類を調製し、首長に提出しなければなりません（自治法233条1項）。決算書類は、①歳入歳出決算書、②歳入歳出決算事項別説明書、③実質収支に関する調書、④財産に関する調書の4種類です。

　「決算は会計管理者の仕事で、財政担当と関係ないのでは？」と思った方もいるかもしれませんが、そうではありません。財政課の仕事に「予算の配当と執行に関すること」とありました。決算は予算執行の結果ですから、予算に過不足はなかったか、議会の議決に従って適正に執行されたかをチェックすることが、財政担当の仕事の集大成であり、それが決算です。予算の最終補正や決算整理もそのために行うのです。

　「じゃあ、予定どおり決算できたか確認すればいいの？」と思うかもしれませんが、それだけではありません。首長に提出された決算書類は監査委員による決算審査を経て議会の認定に付されますが、この際、⑤主要な施策の成果を説明する書類、⑥継続費精算報告書、⑦定額運用基金の運用状況を示す書類及びその書類に対する監査委員の意見、これらを併せて提出することになっています。これらは、財政課や財政担当の大切な仕事です。

　決算を通じて財政状況を知り、主要な施策、担当する施策についても、その成果、課題等を把握しておく。そして、これを日々の予算の執行管理や予算編成に反映する。これが財政課の仕事であり、財政担当である皆さんの仕事なのです。予算編成は決算から始まります。

図表8　歳出の決算事項別明細書の例

歳出
土木費

款			予算現額				
	項		当初予算額	補正予算額	継続費及び繰越事業費繰越額	予備費支出及び流用増減額	計
		目					
8 土木費			XXX,XXX,XXX	XX,XXX,XXX	X,XXX,XXX	0	XXX,XXX,XXX
	1 土木管理費		XXX,XXX,XXX	XX,XXX,XXX	X,XXX,XXX	0	XXX,XXX,XXX
		1 土木総務費	XXX,XXX,XXX	XX,XXX,XXX	X,XXX,XXX	0	XXX,XXX,XXX

予算科目

　図表8は、歳出決算の事項別明細書の例ですが、予算は大分類である「款（カン）」から順に、「項（コウ）」「目（モク）」「節（セツ）」と細かく区分されています。このうち、「款」と「項」は議決の対象なので議決科目と呼び、それより細かい「目」と「節」は議決の対象ではなく、首長の裁量に任されているので執行科目と呼んでいます。詳しくは、第4章で説明します。

決算に必要な書類

　会計管理者が作成し、首長に提出する決算書類は次のとおりです。
①歳入歳出決算書（自治法233条）
　歳入歳出決算書には議決科目まで、次の歳入歳出決算事項別明細書には執行科目まで、予算の執行額がまとめられています。

単位：千円

節		支出済額	翌年度繰越額			不用額
区分	金額		継続費遡次繰越	繰越明許費	事故繰越	
		XXX,XXX,XXX	0	0	0	X,XXX,XXX
		XXX,XXX,XXX	0	0	0	X,XXX,XXX
	XXX,XXX,XXX	XXX,XXX,XXX	0	XX,XXX,XXX	0	X,XXX,XXX
1 報酬	XX,XXX,XXX	XX,XXX,XXX	0		0	XX,XXX
3 職員手当等	X,XXX,XXX	X,XXX,XXX	0		0	XX,XXX
4 共済費	X,XXX,XXX	X,XXX,XXX	0		0	XX,XXX
9 旅費	XXX,XXX	XXX,XXX	0		0	XX,XXX
11 需用費	X,XXX,XXX	X,XXX,XXX	0		0	XX,XXX
15 工事請負費	XXX,XXX,XXX	XXX,XXX,XXX	0	XX,XXX,XXX	0	X,XXX,XXX

　歳出決算には、予算現額、支出済額、翌年度繰越額、不用額が記載されています。予算現額とは、当初予算に修正が加わったり（補正予算）、前年度からの繰越、予備費の充用（充当）や流用などにより増減があるため、「現在の予算額」という意味で使います。ですから、決算でいう予算現額とは最終の予算額ということになります。

　予算現額＝当初予算額＋補正予算額＋繰越額＋予備費充用＋流用増減

　歳出予算の繰越しには、継続費遡次繰越、繰越明許費、事故繰越の3つがありますが、これらについては、第4章で解説します。

　予算現額＝支出済額＋翌年度繰越額＋不用額

　不用額については、「不用」という言葉の印象から、その多寡を問題にした時代もありました。問題にされるのが嫌で「使い切り予算」のテクニックが普及したりもしました。
　しかし、今では「使い切り予算」の悪習が批判され、事業執行の合理

図表9　歳入の決算事項別明細書の例

歳入						予　算　現　額	
款			当初予算額	補正予算額	継続費及び繰越事業費繰越財源充当額	計	
	項						
		目					
1 市税			X,XXX,XXX,XXX	XXX,XXX,XXX	0	X,XXX,XXX,XXX	
	1 市民税		X,XXX,XXX,XXX	XXX,XXX,XXX	0	X,XXX,XXX,XXX	
		1 個人市民税	X,XXX,XXX,XXX	XXX,XXX,XXX	0	X,XXX,XXX,XXX	
		2 法人市民税	X,XXX,XXX,XXX	XXX,XXX,XXX	0	X,XXX,XXX,XXX	

化、効率化の過程で生まれた不用額は、次年度以降に活用できる貴重な財源として捉えられるようになったのです。

　一方、歳入は予算現額、調定額、収入済額、不納欠損額、収入未済額が記載されています。

> 調定額＝収入済額＋不納欠損額＋収入未済額

　調定額とは、収入すべき額を調査決定（調定）した額です。歳入予算は収入の見積りに過ぎないので、予算現額と調定額とは必ずしも一致しません。

　調定されたもののうち、実際に収入されたものを収入済額、時効の完成や債権放棄、免除などの理由で収入できなくなったものを不納欠損額、収入すべきものなのに収入されていないものを収入未済額といいます。

　収入未済額は調定に対するもので、対予算ではないところに注意が必要です。

②歳入歳出決算事項別明細書（自治令166条2項）
　予算書に添付される歳入歳出事項別明細書に対応するもので、予算の

単位:千円

区分	節 金額	調定額	収入済額	不納欠損額	収入未済額
		x,xxx,xxx,xxx	x,xxx,xxx,xxx	0	xx,xxx,xxx
		x,xxx,xxx,xxx	x,xxx,xxx,xxx	0	xx,xxx,xxx
	x,xxx,xxx,xxx	x,xxx,xxx,xxx	x,xxx,xxx,xxx	xx,xxx,xxx	xx,xxx,xxx
1 現年課税分	x,xxx,xxx,xxx	x,xxx,xxx,xxx	x,xxx,xxx,xxx	0	xx,xxx,xxx
2 滞納繰越分	xxx,xxx,xxx	xxx,xxx,xxx	xxx,xxx,xxx	xx,xxx,xxx	xx,xxx,xxx
		x,xxx,xxx,xxx	x,xxx,xxx,xxx	xx,xxx,xxx	xx,xxx,xxx
1 現年課税分	x,xxx,xxx,xxx	x,xxx,xxx,xxx	x,xxx,xxx,xxx	0	xx,xxx,xxx
2 滞納繰越分	xxx,xxx,xxx	xxx,xxx,xxx	xxx,xxx,xxx	xx,xxx,xxx	xx,xxx,xxx

執行額がさらに細かい科目「目」「節」に区分され、まとめられています。

　図表9は、歳入の決算事項別説明書の例です。

③実質収支に関する調書(同上)

　実質収支とは、収入済額と支出済額の差である形式収支から、翌年度に繰り越すべき財源を差し引いたものです。事業によっては未収入の財源があるので、翌年度に繰り越すべき財源の額と、歳入歳出決算書や歳入歳出事項別明細書の翌年度繰越額と一致しないことがあります。

　実質収支額は剰余金ともいいます。地財法7条により、剰余金の少なくとも半分を基金(財政調整基金もしくは減債基金)に積み立てるか、地方債の繰り上げ償還に充てなければならないという縛りはありますが、それを除けば翌年度の財源として自由に使える繰越金です。

　この実質収支をもって、会計の黒字、赤字が決まります。

④財産に関する調書(同上)

　歳入歳出決算ではわからない、その年度の財産の増減と現在高を明らかにするものです。財産は公有財産、物品、債権、基金の4つに区分さ

れ、公有財産はさらに不動産（土地建物、山林）、動産（船舶、浮標、浮桟橋、浮ドック、航空機など）、物権（地上権、地役権、鉱業権など）、無体財産権（特許権、著作権、商標権、実用新案権など）、有価証券（株式、社債、地方債、国債など）、出資による権利、財産の信託の受益権に分類されます（自治法238条）。

しかし、土地建物は金額ではなく面積で表示されていること、道路、橋梁などについてはそもそも記載がないことなどから、いわゆるストック情報としては不完全なものと言わざるを得ません。

そこで、自治体にも企業会計で用いられているバランスシート等、いわゆる財務諸表の作成が義務付けられました。この新公会計制度については、第7章で解説します。

▶▶ 併せて議会に提出する書類

首長が決算に併せて作成し、議会に提出する書類は次のとおりです。
①主要な施策の成果を説明する書類（自治法233条5項）
次節（2−3）で解説します。
②継続費精算報告書（自治令145条2項）
自治体予算は単年度主義が原則ですが、継続費（自治法212条）はその例外の1つです。

大規模な工事などで2年度以上にわたって経費を支出する必要がある場合、あらかじめその経費の総額と年割額（各年度ごとの支出限度額）を事業ごとに定めておくことができます。これを継続費といって、総額での契約が可能となりますが、各年度終了後に継続費精算報告書を作成し、決算に合わせて議会に報告しなければなりません。

この継続費は、予算で定める7つの事項のうちの1つです。詳しくは第4章で解説します。
③定額運用基金の運用状況を示す書類及びその書類に対する監査委員の意見（自治法241条5項）
基金には積立基金と定額運用基金の2種類があります。

このうち定額運用基金の収支は予決算に表れないため、運用状況を示

す書類の提出が義務付けられています。

　例えば、物品調達基金は一定額の資金の範囲内で物品を購入し、購入した物品を各部局に売り払い、その代金は再び基金に戻って新たな物品購入の資金として順次、回転運用します。この場合、基金の収支は、一定額の資金の範囲内であれば歳入歳出予算とは関係なく経理されます。

　そこで、議会の審議が及ぶように書類の提出と監査委員の意見を求めたのです。運用状況を示す書類には、基金の額、基金に属する財産の年度内における増減、年度末の現在高などが掲載されています。

　一方、積立基金には、将来や災害などの事態に備えて積み立てる財政調整基金、地方債の返済のために積み立てる減債基金、そのほか特定目的基金といって、特定の事業を将来にわたり継続的、安定的に進めるために積み立てるものがあります。積立基金は定額運用基金の運用と違って、積み立て、処分する際は、歳入歳出予算に計上しなければなりません。

2/3 ◎…主要な施策の成果を説明する書類

▶▶ 成果の見えない決算書

　首長は、決算を議会の認定に付すにあたっては、主要な施策の成果を説明する書類を併せて提出しなければなりません（自治法233条5項）。この書類を「決算成果報告書」とか「主要施策の成果」などと呼ぶことがあります。

　なぜ、このような書類が必要なのでしょうか。

　それは、議会における決算の審査が、単なる収支計算表の審査にとどまらず、「予算を使って、どれだけ成果が上がったのか」という、住民目線による積極的な審査に変わりつつあるからです。

　そこには、成長社会から成熟社会へという時代背景があります。

　かつて、成長社会では住民のニーズは警察消防、道路公園、学校・保育園、上下水道といった特定のサービスに集中していました。税収も堅調で、これらの特定のサービスに予算を配分すれば、それなりの評価が得られ、住民も首長も満足できた時代でした。

　その後、都市基盤の整備が一段落すると、現状に満足できない住民が増え、それぞれの価値観に応じ多種多様な要求を上げるようになります。それでも税収が増えている成長時代には何とか予算を措置することができました。しかし、成熟社会の特徴である少子高齢化と低成長は、歳出の増加と歳入の減少をもたらします。財政的に厳しい自治体ほど、多様な住民ニーズに応えることができなくなり、政策は当たらず、住民満足度は次第に低下していきます。

　そして、「役所は何をやっているんだ！」という住民の思いが募ります。

▶▶ 選択と集中

　もちろん、薄く広く政策を打つという方法もあります。しかし、一定の行政目的を果たすには、一定の経営資源（予算）を投入する必要があります。もし、中途半端に投入して行政目的を達成することができなければ、それこそ税金の「無駄遣い」です。かえって住民の不信を増幅させることになりかねません。

　いま、皆さんが大学生で10の授業（10単位）に出席していて、卒業するためにあと5単位必要だとします。しかし、どの単位も合格ライン

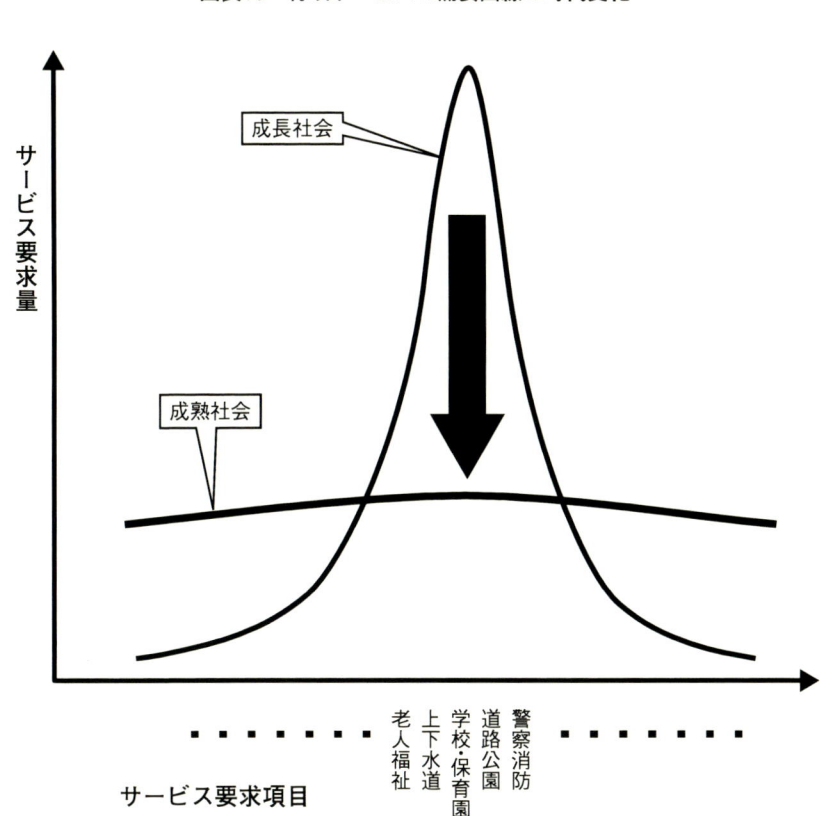

図表10　行政サービスの需要曲線の時代変化

（縦軸：サービス要求量／横軸：サービス要求項目　警察消防、道路公園、学校・保育園、上下水道、老人福祉）

成長社会

成熟社会

に達していません。賢明な皆さんなら、自分の時間を合格ラインに近い５つの授業に絞って使うでしょう。「卒業」という目標を達成するために授業を選択し、時間という有限な資源をそこに集中させるはずです。

同様に、自治体に100の事業があって、その100すべてが中途半端で目標を達成できない「無駄遣い」だったとしましょう。そこで50の事業を廃止し、残りの50の事業に２倍の予算をかけ、50の目標を達成し50の無駄を一掃します。極端な例ですが、これが自治体の選択と集中です。

ここで問題なのは、自治体の目標が「卒業」という明確なものではなく、「50」だということです。

▶▶ 成果の見える化

この「50」の目標を明らかにする手法として、政治的には首長の公約やマニフェストがあり、行政的には行政評価があります。しかし、これらがすべての自治体で実施されているわけでも、義務付けられているわけでもありません。そこで、「主要な施策の成果を説明する書類」を使って、「成果」を見えるようにしたのです。

ですから、他の決算書類と違って様式の定めはなく、歳入歳出決算事項別説明書から主要な事業をいくつか抽出し、少し詳しい説明を加える程度のものから、行政評価の評価シートと連動させたり、あるいは、評価シートをもって主要な施策の成果を説明する書類にしたりする自治体などさまざまであり、自治体の自由な裁量に任されています。

問題なのは、書類は分厚いのに肝心の「成果」が書かれている自治体が少ないことです。いくら使った、何回講習会を実施した、こうしたことは書かれても、何人の生徒が集まって、集まった生徒たちの成績が上がったのか、下がったのかということが、残念ながら書かれていません。

「成果」の前に「目標」が明確でないのも問題です。例えば、「Aという問題につまずいている生徒が全体の20％いるので、土曜講習会を実施してこれを５％にしよう」といった具体的な目標があれば、「今年度

は10％で目標に届かなかった」という評価ができ、課題を見つけ、知恵を出し、事業の改善を図り、次年度の予算に反映することができます。

このサイクルを「予算のマネジメントサイクル」と呼んでいます。

図表11では、評価方法の代表例として「行政評価」と書きました。この行政評価については、第7章で解説します。

▶▶ わかりやすい決算説明書をつくろう

第1章では、財政担当必読の書として、「わかりやすい予算説明書」を取り上げました。予算書と決算書は表裏一体のものです。決算についても、「主要施策の成果を説明する書類」を「わかりやすい決算書」に作り変えようという試みが始まっています。

「わかりやすい予算説明書」を作る実力のある自治体なら、「わかりやすい決算説明書」を作るのも容易でしょう。もし、皆さんの自治体に「わかりやすい決算説明書」がなかったなら、自分で作りましょう。

「わかりやすい決算説明書」とは何か？

もう、おわかりですね。成果の見える決算説明書のことです。

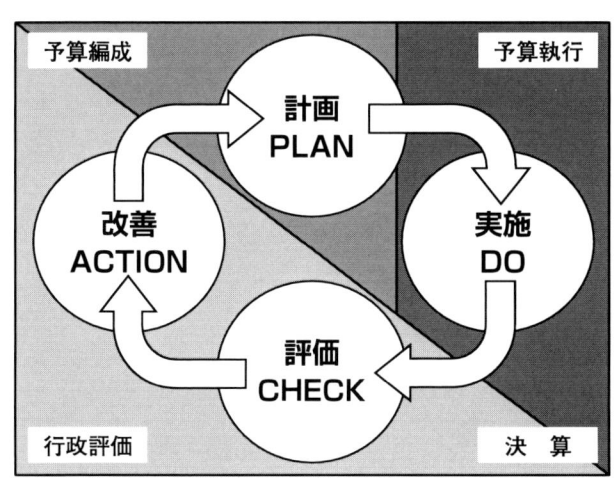

図表11　予算のマネジメントサイクル

▶▶ 成果の見える決算説明書

　すでに先行している自治体の例を見ると、「(仮称) 成果の見える決算説明書」には、概ね次のような情報が盛り込まれています。また、同書が法定の「主要な施策の成果を説明する書類」を兼ねている場合もあれば、そうでない場合もあり、名称もいろいろ工夫されています。

　難しい財政用語があっても読みとばしてください。次章でしっかり解説します。

①普通会計決算の状況
　決算のあらまし、実質収支比率、経常収支比率、歳入構造の変化、目的別・性質別歳出の推移、将来の財政負担、健全化判断比率などが示され、分析されます。

②特別会計決算の状況
　一般会計以外の会計の状況がわかります。

③主要施策の成果報告
　主要な施策について、事業名、予算現額、決算額、執行率、担当課、問合せ先以外は、自由なフォーマットで事業の成果をPRします。主要な施策の一覧表が、法定による「主要な施策の成果を説明する書類」の最もシンプルなものだといえます。

④○○市の財政情報
　財務諸表(貸借対照表、行政コスト計算書、純資産変動計算書、資金収支計算書)を公開しています。

⑤主な施設の運営における経費と財源
　公共施設にどのくらいの費用がかかっているのか知ることができます。施設のフルコストを掲載するとともに、受益者負担を含めた財源を明らかにしています。

⑥主な事業における経費と財源
　公共施設だけでない、施設の運営を伴わない事業のコスト情報や財源の内訳が掲載されています。

2-4 ◎…決算審査

▶▶ 監査委員による決算審査

　首長は、会計管理者から提出された決算書、歳入歳出決算事項別明細書、実質収支に関する調書、財産に関する調書を監査委員の監査に付さなければなりません（自治法233条2項）。これは、首長以外の機関に審査を行わせることによって、公正性を担保するためです。
　特に、監査委員は財務や会計の専門家という立場で、次のような観点で審査を行います。
　①決算の計数は正確か
　②予算の執行は適正かつ効率的に行われているか
　③収入収支に係る事務は適正に行われているか
　④資金は適正に管理され効率的に運用されているか
　⑤財産の取得、管理、処分は適正に行われているか
　監査委員は、決算書類とその証拠書類との照合を行うとともに、関係部局から事情を聴取するなどの方法によって審査を実施します。また、例月出納検査や定期監査、随時監査なども参考にされます。
　監査委員は、審査の結果をとりまとめ、意見書を作成し、首長に提出します。この段階でたとえミスが見つかっても、単純な計算ミスなどは訂正することができますが、決算書類の数字そのものを動かすことはできません。また、意見の決定は監査委員の合議によるものとされています（自治法233条4項）。
　なお、前節で紹介した「主要な施策の成果を説明する書類」は審査の対象になりません。

▶▶ 議会による決算の認定

　首長は、監査委員の審査に付した決算を監査委員の意見を付けて次の通常予算を議する会議までに議会の認定に付さなければなりません（自治法233条3項）。その際、「主要な施策の成果を説明する書類」を併せて提出します（自治法233条5項）。

　予算審議は通常、3月議会で行われます。決算を認定に付す時期は、理論的には3月議会もあり得ますが、決算審議を次年度の予算に反映するという趣旨を考慮すれば9月議会、遅くとも12月議会には付議しなくてはならないでしょう。

　議会に付議された決算は、審議を深めるため、常設の常任委員会、または特別に設置する「決算特別委員会」に付託されるのが普通です。予算審議のための「予算特別委員会」とともに、委員会開催前、開催中は、財政課、財政担当が最も緊張する期間です。

　議会は住民の代表ですから、監査委員による審査が「間違っていないか」ということに重点が置かれているのに対し、議会の審査は「税金を投入した効果、成果がどう上がっているか」という点が中心になります。

　「主要な施策の成果を説明する書類」が必要な理由がここにあるわけです。議会における審査では、次のようなことが議論されます。

　①財政構造の変化と財政指標、今後の見通し
　②歳入確保の状況、今後の見通しと課題、増収対策
　③個々事業の予算執行状況と効果、成果、課題の確認
　④歳出予算の流用状況
　⑤資金の運用状況
　⑥行政改革の取組み状況

▶▶ 地方公営企業の決算

　地方公営企業の決算については、毎事業会計年度終了後2か月以内（5月31日まで）に管理者が調製し、首長に提出することが義務付けられています（地方公営企業法30条1項）。首長は監査委員の意見を付け

た上で、議会の認定に付します（同条4項）。

▶▶ 決算の不認定

　議会における決算の認定は、予算が議会の議決を要するのとは異なり、たとえ認定されない場合でも、決算の効力に影響を及ぼすものではありません（行政実例昭和31年2月1日自丁行発第1号）。
　とはいえ、誰も責任をとらないというわけではなく、執行責任者である首長が政治的な責任をとることになります。
　予算書も決算書も形式的には議決科目である「款」「項」の科目ごとの大ざっぱなものです。それは、首長と議会の信頼関係が前提になっているからです。しかし、決算の中身まで大ざっぱでいいというわけではありません。予算執行のきちんとした説明が必要です。その上で、首長と議会の信頼関係が損なわれていなければ、両者の住民に対する責任を考えれば、決算の不認定など通常はあり得ません。
　なお、2017年の自治法の改正で、決算の不認定を踏まえて必要な措置を講じたとき、首長はその内容を議会に報告し、公表することとされました。

▶▶ 決算の公表

　首長は、議会の認定に付した決算の要領を住民に公表しなければなりません（自治法233条6項）。税金の対価として然るべきサービスを提供しているか、自治体は納税者である住民への説明責任を負っています。
　一方、少子高齢化の進行で地方財政は厳しい局面に立たされることが予想されています。今後、一層の「選択と集中」を進めるには、主権者である住民の理解を得ることが極めて重要です。
　そういった意味で決算の公表は、単に説明責任を果たしているというアリバイづくりに終わってはなりません。一歩進んで、持続可能な自治体運営を住民とともに考える、コミュニケーションツールでなくてはならないのです。

COLUMN・②

網膜はく離

　仕事中に突然、右眼の視力を失いました。網膜はく離でした。
「あれもしたい、これもしたい」という前向きな考えは、一瞬にして「こうすればよかった、ああすればよかった」と逆回転し始め、言葉も出ません。誰にも会いたくありません。眠れません。
　人の心とはこんなにも弱いものだと知りました。
　そんな私の手術をするため、休日返上で駆けつけた医師は言いました。
「医術的には48時間後でも同じだけど、できるだけ早く手術しないと、不安であなたの心がもたないでしょう」
　そうです。医師は、私の眼だけでなく心も治そうとしてくれたのです。この言葉で私は命を救われ、再び前向きに考え始めることができました。
「まだまだ、やり残したことがある」と。
「眼帯を取ってください」
　手術から12時間後、看護師が点眼の時刻を告げました。しかし、何も見えません。再び逆回転しそうな私に看護師が言いました。
「みなさん、2〜3日後に見えるようになったとおっしゃいますよ」
　あのとき、「きっと、見えるようになりますよ」と、ただ励まされただけだったら、間違いなく奈落の底に逆戻りだったでしょう。看護師の経験に裏付けされた具体的で説得力ある一言が、再び私を救ったのです。
「はく離した網膜を吸着させるためガスを入れたので、ガスが抜ければ次第に見えるようになります、2週間くらいかかりますよ」
　診察した医師はそう説明しました。
　そうです、緊急すぎる手術のため、何の説明も受けていなかったことが私の不安を大きくしていたのです。
　自治体の仕事も問題や課題を解決するという点では、医師や看護師の仕事と同じです。私たちの仕事は法令や規則を守ることではなく、法令や規則を使って（時には見直して）地域の問題や課題を解決し、住民を守ることにあります。私たちに住民の心や、求めているものを読み解く力、知識と経験に裏打ちされた説得力さえあれば、地域課題の解決に大金は必要ないのかもしれません。

第3章 地方交付税

3-1 ◎…地方交付税とは

▶▶ 地方交付税の大きさ

図表12　地方交付税の大きさ

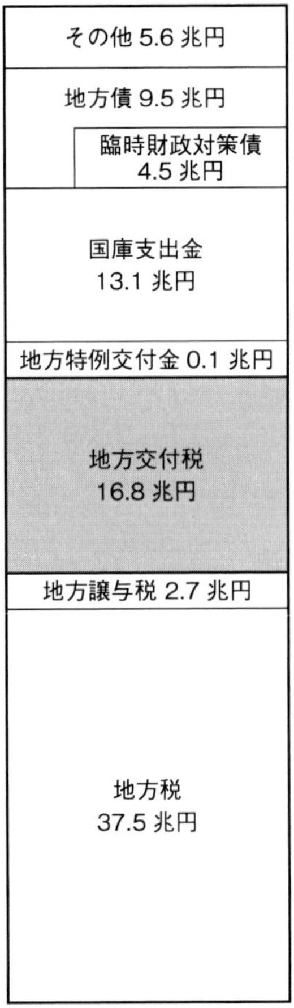

その他 5.6 兆円
地方債 9.5 兆円
臨時財政対策債 4.5 兆円
国庫支出金 13.1 兆円
地方特例交付金 0.1 兆円
地方交付税 16.8 兆円
地方譲与税 2.7 兆円
地方税 37.5 兆円

　図表12は、地方財政計画（政府による自治体全体の財政見通し）における2015年度の歳入85.3兆円の内訳です。地方交付税が全体の約20％を占めています。地方税の約半分、自治体が自由に使える一般財源総額（約61.5億円）の約27％に相当します。自治体にとって欠くことのできない貴重な財源であることがわかります。

　しかし、これは地方交付税の平均的な大きさに過ぎません。皆さんの自治体では、地方交付税はどのくらいの割合を占めるのでしょうか。

　地方税より大きいですか？

　それとも小さいですか？

　実は6割の自治体で、地方交付税の決算額が地方税の決算額を上回っています。

　地方交付税のうち、交付額総額の4％（地方交付税法6条の2第3項）に当たる特別交付税を除いた普通交付税が交付されない自治体を「不交付団体」と呼びます。

　不交付団体は、地方交付税に頼らず予算を編成できる自治体です。しかし、2013年度の不交付団体は、都区合算規定のある東京都と特別区

図表13　地方交付税の財源保障機能

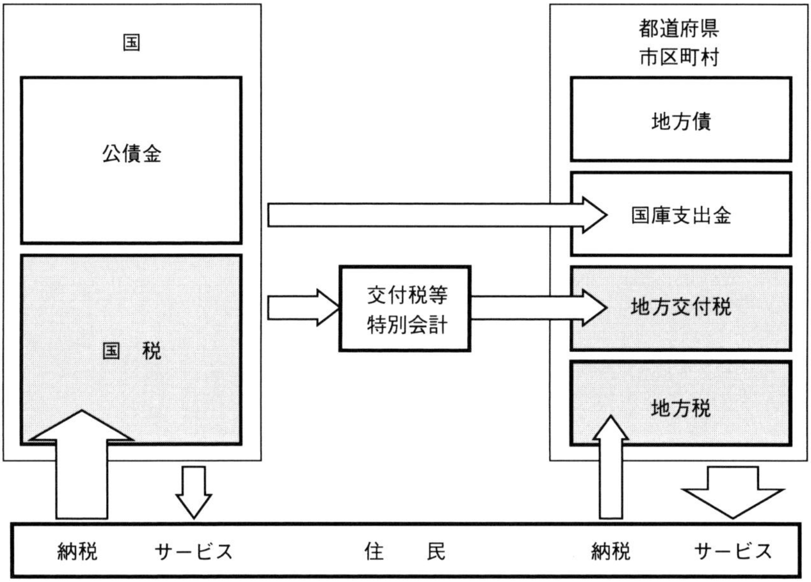

を除くと、46道府県ではゼロ、1719市町村では2.8％に当たる24市24町村だけでした。

「それのどこが悪いの？」と思われるかもしれません。

図表12をもう一度ご覧ください。国庫支出金と地方交付税を合わせた額は（平均値でも）地方税に匹敵します。つまり、住民は自治体に10しか税金を納めていないのに20のサービスを受けていることになります。

一見すると、得をしているように思うかもしれませんが、住民のコスト意識がどんどん希薄になってしまう恐れがあります。現在は、国と自治体が共同して住民サービスを実施していますが、今後は、それぞれが主体的、自律的に実施していく必要があり、そうした仕組みを作っていくことが地方分権の原点です。そのためには、主権者である住民にもっと強くコスト意識を持っていただかなくてはなりません。

地方交付税制度を巡っては、さまざまな議論がありますが、私たちは常に「住民にとってわかりやすい仕組みづくり」という視点を忘れてはいけないのです。

地方交付税の機能と課題

　国税のうち所得税、法人税、酒税、消費税の一定割合（交付税率）と地方法人税の全額を、自治体に配分する地方交付税制度は、自治体間の財源の不均衡を調整し、どの地域に住んでも一定水準の行政サービスを受けられるよう財源を保障するための制度です。

　公平、中立、簡素という税の原則、すなわち担税力ある「取りやすいところから取る」方式では、税源の偏在があって当然です。

　では、徴収した税をどう再配分すればいいのか？

　これは持続可能な自治体運営に向けて、避けて通れない課題であり、地方分権を進めていく中で財政自主権、とりわけ、地方交付税制度が議論の的になるのはそのためです。

　現在の地方交付税には次の３つの機能があるといわれています。

①財源保障機能

　地方交付税は、その総額が地方交付税法で国税の一部として確保され、自治体全体としての財源保障機能を果たすことになっています。

　しかし、1990年ごろから慢性的な財源不足の状態が続いています。

　「それなら、交付税率を引き上げればいいんじゃない？」と考える方もいるでしょう。

　確かに、地方交付税法では、普通交付税の総額と財源不足額が引き続き著しく異なることとなった場合には、地方財政もしくは地方行政に係る制度の改正、または交付税率の変更を行うこととされています。

　でも、国の財政状況も逼迫していて、そう簡単ではないのです。

　そこで考え出されたのが、特別会計に借金をさせることでした。地方交付税は図表13のように交付税等特別会計（正式名称は「交付税及び譲与税配付金等特別会計」）を通じて各自治体に交付されますが、ここに借金をさせたのです。国では、財政法及び特別会計に関する法律等に基づき、国会の議決を経たときは、一般会計及び各特別会計は借入れを行うことができます。こうして借り入れた借金の総額は2013年度末で51兆円に上り、うち33兆円が自治体の負担分とされています。返済にあたっては、その財源が交付税措置（地方交付税の基準財政需要額に算

入）されることになっていますが、慢性的な財源不足の状況では返済は難しく、毎年、先延ばしされています。

図表14　地方交付税の財政調整機能

特別交付税 4％
〜2015年 6％
2016年 5％

普通交付税 96％
〜2015年 94％
2016年 95％

A市　C市　D村　B町　Y県

税等の収入

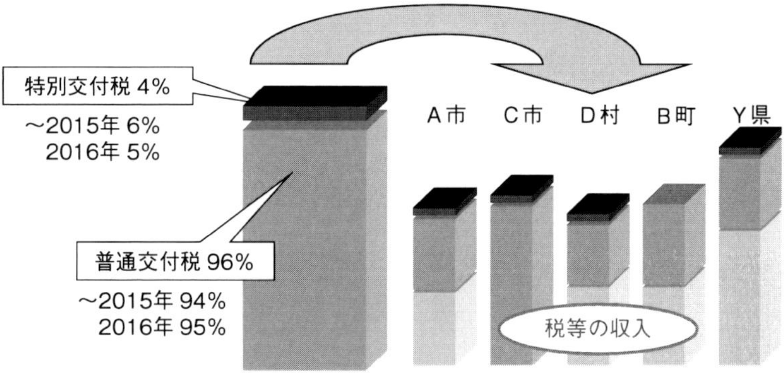

2001年度からは、この借金がよく見えるように、特別会計が借金するのではなく、各自治体が借金する（赤字地方債である臨時財政対策債を発行する）方式に改められました。この方式でも償還財源は交付税措置されることになっており、形式的には財源保障機能を果たしているといえることになります。

②**財政調整機能**

地方交付税は、それぞれの自治体について基準財政需要額（ある一定水準の行政を行うに必要な経費）と基準財政収入額（超過課税を除いた税収の75％と地方譲与税等の合計額）とを算定し、前者が後者を上回る治体、つまり財源不足となる自治体に対して交付されます。

これによって自治体間に偏在する財源の均衡化を図り、それぞれの自治体は一定水準のサービスを提供できるようになるのです。

これを地方交付税の財政調整機能と呼んだり、上記①の財源保障機能をマクロの財源保障機能、これに対して②の財政調整機能をミクロの財源保障機能と呼ぶことがあります。

図表15は、同じ基準財政需要額の自治体を財政力の違いによって3つのモデルを作ったものです。A市とB市では、留保財源の大きさによっ

て財源に格差が生じています。C市は不交付団体なので、留保財源に財源超過額が加わり格差はさらに拡大します。

標準税収入に算入率75％（一部は100％）を掛けて基準財政収入額とするのは、自治体の自主性、独立性を保障し、自主財源である地方税の税源かん養に対する意欲を失わせないようにするためですが、各自治体が地方税の徴収努力を怠っているとは考えられません。むしろ、図表15で明らかなように、地方交付税による財政調整後でも、自治体間の財政力の格差は拡がっているのです。

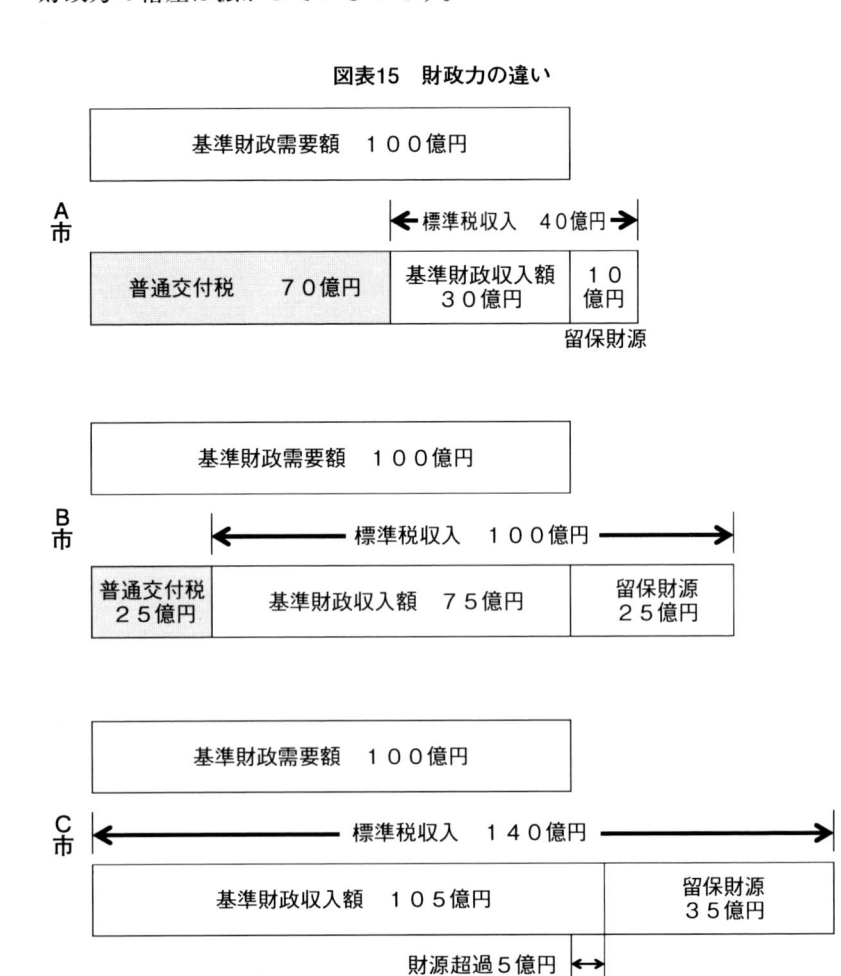

図表15　財政力の違い

A市
- 基準財政需要額　１００億円
- 標準税収入　４０億円
- 普通交付税　７０億円 ／ 基準財政収入額　３０億円 ／ １０億円（留保財源）

B市
- 基準財政需要額　１００億円
- 標準税収入　１００億円
- 普通交付税　２５億円 ／ 基準財政収入額　７５億円 ／ 留保財源　２５億円

C市
- 基準財政需要額　１００億円
- 標準税収入　１４０億円
- 基準財政収入額　１０５億円 ／ 留保財源　３５億円
- 財源超過５億円

③政策誘導機能

　地方交付税の建前は自治体が自由に使える一般財源であり、法律でも国が使途を指定したりしてはいけないことになっています。しかし、実際は、そうではありません。

　「交付税措置する」という言葉に表されるように、地方交付税の算定が自治体の行財政運営や、個々の施策に影響を与えています。

　1990年代半ばから所得税、住民税と法人税の一律減税や十数兆円におよぶ景気対策が実施されました。こうした景気対策は国だけで行われたわけではありません。補助事業はもとより、単独事業も拡大、増額されたのです。投資的経費の拡大を可能にするために地方債を発行し、その償還経費を後年度の交付税で措置し、基準財政需要額の圧縮を図るというようなことも行われました。自治体側も自分で返済する借金でないため、安心して事業を行うことができたのです。

　景気の低迷と時を同じくして、高齢化等により社会保障費も増加の一途にあります。こうして収入額の減少、需要額の増加が慢性的な財源不足をもたらしたのです。

　国と自治体が一体となって景気対策を行うことは、とても意味のあることです。しかし、方法によっては責任があいまいになります。現在の地方交付税制度のもとでは、「交付税が補助金化している」とのそしりは免れないでしょう。

　もっとも、自治体側にも問題はあります。財源不足が地方交付税によって補填されるという安心感から、事業の見直しや歳出削減意欲が低下し、不要なハコモノをつくってきたという指摘です。

　1000を超える自治体で、地方交付税の決算額が地方税の決算額を上回っています。財源の不均衡を調整するために仕方のないことだとしても、地方財政が地方税ではなく、国の統制下にある補助金や地方交付税で成り立っているのですから、自治体に住む住民の受益と負担の関係を見えにくくしていることは明らかです。

　このことは自治体にとって、住民にとって決してよいことではありません。

地方法人税の創設

　地方交付税の総額は、現在、所得税・法人税の33.1％（2015年度～）、酒税の50％（2015年度～）、消費税の22.3％（2014年度～）、地方法人税の全額（2014年度～）とされています。

　地方消費税率の引上げにより、不交付団体の財源超過額は拡大し、不交付団体と交付団体間の財政力格差が拡大することから、地方法人税が創設されました。とはいっても増税ではなく、法人住民税・法人税割の税率を引き下げ、同額の地方法人税（国税）を創設したのです。

　地方法人税は他の税と違い、全額が地方の財源として、国の一般会計を経由せずに交付税等特別会計に直接繰り入れられ、地方交付税の原資になります。

　もちろん、地方税を国税に振り替えることに異論もありました。地方分権の推進に財源の確保は最優先課題だからです。また、これまで実際に徴収していた自治体の財源となっていた地方税が、地方法人税の創設によって交付団体のみの財源となるため、財政力格差の縮小効果は大きくなる一方、減収となる不交付団体からは、首都や都市固有の財政需要が反映されていないという不満の声が上がりました。

地方交付税の問題を自分の問題にする

　地方交付税の課題は、不況期に生じる収支のギャップであり、問題はその拡大に歯止めをかけるシステムのないことですが、それは、それぞれの自治体運営においても同じです。問題は、自治体が「きっと国が何とかしてくれるだろう」と思っていることです。そういった意味で、財源不足対策をそれまでの交付税等特別会計による借金方式から各自治体が借金する赤字地方債方式に改めたことは、当事者意識を持つという点においては成功だったといえるでしょう。

　しかし、問題はそれだけで解決しません。

　国と自治体が役割分担をし、必要な財源を互いに確保し、役割の中の政策、施策についての取捨選択権を自治体が実質的に持つことです。

3-2 地方交付税のしくみ

▶▶ 地方交付税の仕組み

普通交付税は、毎年それぞれの自治体について基準財政需要額（ある一定水準の行政を行うに必要な経費）と基準財政収入額（超過課税を除いた税収の75％と地方譲与税等の合計額）とを算定し、前者が後者を上まわる自治体、つまり財源不足となる自治体に対して交付されます。

図表16　普通交付税の算定方法

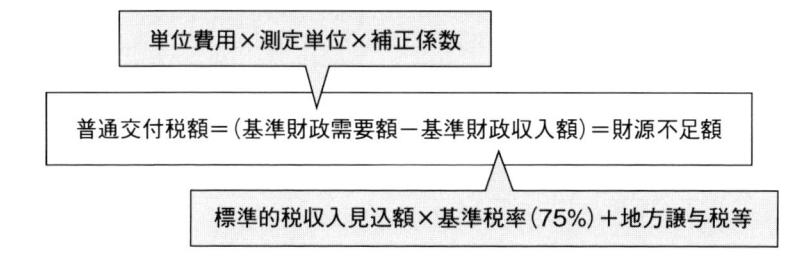

```
        単位費用×測定単位×補正係数
                  │
普通交付税額＝（基準財政需要額－基準財政収入額）＝財源不足額
                                │
              標準的税収入見込額×基準税率(75%)＋地方譲与税等
```

特別交付税は、普通交付税で補足されない個別、緊急の財政需要（地震、台風等自然災害による被害など）に対して交付されます。普通交付税の不交付団体であっても特別交付税は交付されます。

▶▶ 単位費用と補正係数

普通交付税の算出の基礎は、単位費用と測定単位の積、それに補正係数を掛けたものです。

単位費用は、都道府県では人口170万人、面積6,500km²、市町村では

図表17　地方交付税の測定単位

個別算定経費（都道府県分）

項　目		測　定　単　位
警察費		警察職員数
土木費	道路橋りょう費	道路の面積
		道路の延長
	河川費	河川の延長
	港湾費	係留施設の延長（港湾）
		外郭施設の延長（港湾）
		係留施設の延長（漁港）
		外郭施設の延長（漁港）
	その他の土木費	人口
教育費	小学校費	教職員数
	中学校費	教職員数
	高等学校費	教職員数
		生徒数
	特別支援学校費	教職員数
		学級数
	その他の教育費	人口
		公立大学学生数
		私立大学等生徒数
厚生労働費	生活保護費	町村部人口
	社会福祉費	人口
	衛生費	人口
	高齢者保健福祉費	65歳以上人口
		75歳以上人口
	労働費	人口
産業経済費	農業行政費	農家数
	林野行政費	公有以外の林野の面積
		公有林野の面積
	水産行政費	水産業者数
	商工行政費	人口
総務費	徴税費	世帯数
	恩給費	恩給受給権者数
	地域振興費	人口
地域経済・雇用対策費		人口
地域の元気創造事業費		人口
人口減少等特別対策事業費		人口

個別算定経費（市町村分）

項　目		測　定　単　位
消防費		人口
土木費	道路橋りょう費	道路の面積
		道路の延長
	港湾費	係留施設の延長（港湾）
		外郭施設の延長（港湾）
		係留施設の延長（漁港）
		外郭施設の延長（漁港）
	都市計画費	計画区域内における人口
	公園費	人口
		都市公園の面積
	下水道費	人口
	その他の土木費	人口
教育費	小学校費	児童数
		学級数
		学校数
	中学校費	生徒数
		学級数
		学校数
	高等学校費	教職員数
		生徒数
	その他の教育費	人口
		幼稚園の幼児数
厚生費	生活保護費	市部人口
	社会福祉費	人口
	保健衛生費	人口
	高齢者保健福祉費	65歳以上人口
		75歳以上人口
	清掃費	人口
産業経済費	農業行政費	農家数
	農林水産行政費	林業・水産業の従業者数
	商工行政費	人口
総務費	徴税費	世帯数
	戸籍住民基本台帳費	戸籍数
		世帯数
	地域振興費	人口
		面積
地域経済・雇用対策費		人口
地域の元気創造事業費		人口
人口減少等特別対策事業費		人口

包括算定経費（都道府県分）

測　定　単　位
人口
面積

包括算定経費（市町村分）

測　定　単　位
人口
面積

人口10万人、面積160km²という標準的な自治体を想定し、合理的かつ妥当な水準により行われる必要な経費を基礎として、その数値が法律で定められています。

地方交付税は、一般財源ベースで算出するので、単位費用の積算にあたっては、国庫補助金、使用料・手数料、分担金・負担金および目的税等の収入など特定財源は、原則として除外されます。

この単位費用と人口や面積など、測定単位を掛けたものが普通交付税算出の基礎になります。しかし、実際の行政経費は自然的、社会的条件によって大きな差があるので、これを補正するのが補正係数です。人口や面積が2倍になっても経費が2倍にならない、いわゆるスケールメリット（規模が大きくなることによる利点）が働く項目を補正する段階補正、人口密度が希薄になると経費が割高（割安）になる項目を補正する密度補正、このほか、種別補正、態容補正、寒冷補正、数値急増急減補正、合併補正、財政力補正などがあります。

▶▶ 新型交付税（包括算定経費）

基準財政需要額の算定に際しては、多岐に分かれた行政経費について、さまざまな補正係数が掛けられ、地域間の格差を補うように調整されています。こうした緻密な算定方法は、各地域の特性による格差を、よりきめ細やかに捕捉する役割を果たしてきた一方、複雑になりすぎ、専門家以外にはわからないという指摘もあります。

また、補正係数の算定方法の詳細については、地方交付税法を改正する必要はなく、総務省令によって変更が可能であり、容易に補正係数の変更を行うことができ、実際、事業費補正等は拡大されてきました。

このような、地方交付税が複雑で透明性に欠けるという批判を受けて2007年に導入された制度が新型交付税（包括算定経費）です。国の基準付けの少ない行政分野（需要額の1割程度）について、人口と面積を基本とした簡素な算定を行います。

▶▶ 地方交付税の交付手続き

　地方交付税の総額については、交付前年の12月ごろに発表される地方財政計画の中で決定されます。このころ、各自治体の予算編成は首長査定を含め最終段階に入っていますが、地方交付税が自治体歳入の大きなウェイトを占めるだけに、地方財政計画の内容をできるだけ予算に反映しなければなりません。

　普通交付税の交付決定（当初算定）は遅くとも8月31日までに行われることになっていますが、通常は7月中に行われます。そのため、4月から5月にかけて、交付税の算定に必要な数値調べがあります。

　普通交付税の交付は4月、6月、9月、11月の4回に分けて行われます。このうち、4月、6月は概算交付で、前年度の実績に基づいて交付されることになっています。地方交付税に依存する自治体にとって概算交付はありがたいわけですが、国の予算の成立の関係で交付が遅くなったりすることもあるので、資金繰りには注意が必要です。

図表18　地方交付税のスケジュール

12月	地方財政計画決定	
1月		
2月		
3月	国の予算成立　地方交付税法改正	
4月	普通交付税基礎数値報告	普通交付税交付①
5月		
6月		普通交付税交付②
7月	普通交付税交付決定（当初算定）	
8月		
9月	特別交付税基礎数値報告	普通交付税交付③
10月		
11月	交付税検査	普通交付税交付④
12月	特別交付税交付決定	特別交付税交付①
1月		
2月	普通交付税再算定	
3月	特別交付税交付決定	特別交付税交付②

概算交付分については、当初算定の後、9月、11月で清算されます。
　これとは別に特別交付税が交付されます。特別交付税は、災害など普通交付税で補足されない特別の財政需要に対して交付されるものです。
　毎年度、12月と3月の2回に分けて交付されることになっていますが、災害発生等の場合は、交付時期などに特例を設ける事ができることになっています。
　また、年度途中に地方交付税の総額が増加した場合や地方財政の収支に大きな変動が見込まれた場合、算定の変更（再算定）が行われることがあります。通常は、2月に行われます。

3─3 ◎…地方財政計画

▶▶ 地方財政計画とは

　地方財政計画とは、全自治体の普通会計の歳入歳出総額の見通しであり、毎年2月ごろ内閣が国会に提出し、一般に公表されます。この計画をもとに地方交付税が算定され、地方債計画が策定されることから、自治体の財政運営を決める重要なものといえるでしょう。地方交付税法7条によって、次のような書類を作成することになっています。

①歳入総額の見込額とその内訳
　　イ　税目ごとの課税標準額、税率、調定見込額及び徴収見込額
　　ロ　使用料及び手数料
　　ハ　起債額
　　ニ　国庫支出金
　　ホ　雑収入

②歳出総額の見込額とその内訳
　　イ　歳出の種類ごとの総額及び前年度に対する増減額
　　ロ　国庫支出金に基づく経費の総額
　　ハ　地方債の利子及び元金償還金

▶▶ 地方財政計画の役割

　国の予算が確定すると、地方の財源が必要となります。地方の事業は国の補助金の対象となる補助事業と、そうでない単独事業に分けられます。補助事業には補助率があって、例えば生活保護費の国庫補助率は4分の3ですが、残り4分の1は通称「補助裏」と呼ばれ、地方の財源が

必要です。

　また、単独事業といっても、法令により義務付けられているもの、どの自治体でも同じように実施されている事業がほとんどです。地方財政計画では、単独事業についても社会保障関係費の自然増や国の予算、施策との関連、物価などを勘案して積算されます。公債費は、過去、地方財政の財源として充当した地方債の償還経費が計上されます。

　一方、国の経済見通しが固まると、国税、地方税の見込み額が積算できます。地方交付税法定分は国税（5税）の一部または全部で、法律に定められた率で積算されます。国庫支出金は国の予算と連動して積み上げられます。地方債は事業ごとに財源として充当する額が積算されます。これは地方債計画に反映され、実際の地方債の発行はこれに沿って行われます。

　このように、地方財政計画は国の施策との整合を図り、自治体に必要な財源を保障することを目的としています。したがって、歳入においては、超過課税、法定外普通税、法定外目的税など、歳出においては国家公務員の給与水準を超えて支給される給与などは、標準的な歳入歳出とみなされないため、計上されません。

　すでに述べたように、ほとんどの自治体は地方交付税の交付団体であり、事実上、この地方財政計画によって地方財政の水準が決定されてしまいます。自治体の財政自主権確立への道のりは、まだまだ遠いといわざるを得ません。

▶▶ 地方財政対策

　地方財政計画の大きな目的は、自治体が標準的な行政水準を確保できるように、その財源を保障することです。しかし、実際は図表19のように、財源不足の状態が続いています。地方交付税総額が不足する場合、地方交付税法では法定率を引き上げて対応することとされています。

　しかし実際は、交付税等特別会計の借入れや、赤字地方債である臨時財政対策債の発行でしのいできたことは、前述（p.56 地方交付税の財源保障機能）のとおりです。

図表19は地方財計画上の財源不足額と併せて、臨時財政対策債発行見込額をグラフにしたものです。発行見込額とほぼ同額が実際に発行されており、その発行残高は45兆円で地方財政の借入金総額201兆円（p.137地方債残高参照）の2割強を占めています。

　また、臨時財政対策債発行可能額については、これまで、すべての自治体を対象とし、人口を基礎として算出してきました。しかし、財政力の弱い自治体に配慮し、財源調整機能を強化する観点から、2010年度以降、段階的に従来の「人口基礎方式」を廃止し、2013年度から、全額「財源不足額基礎方式」により算出しています。「財源不足額基礎方式」は各自治体の財源不足額及び財政力を考慮して算出するもので、この方式への移行によって不交付団体は臨時財政対策債を発行できなくなりました。

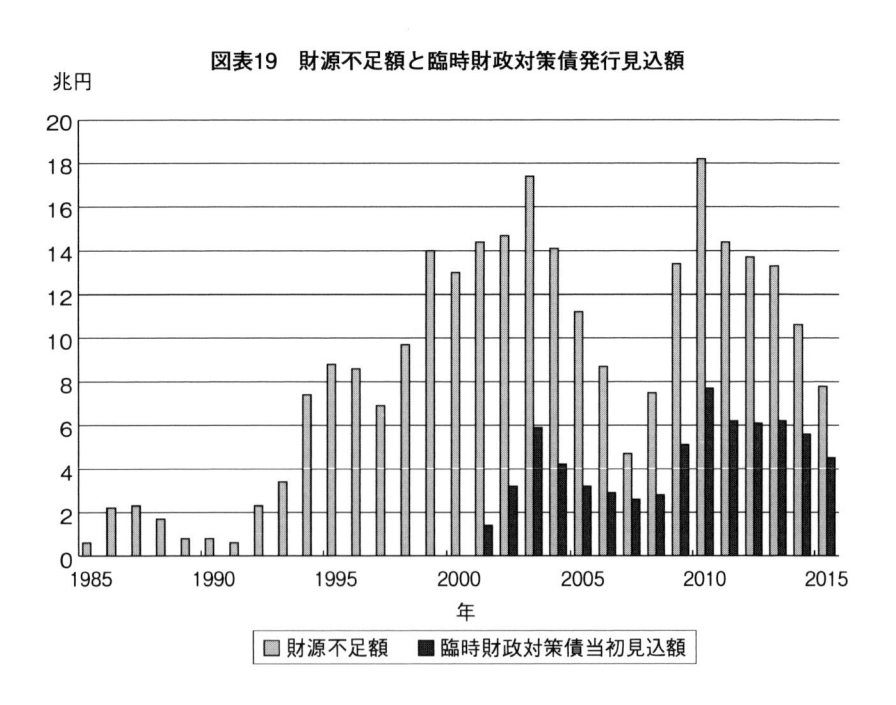

図表19　財源不足額と臨時財政対策債発行見込額

（兆円、凡例：財源不足額／臨時財政対策債当初見込額）

▶▶ 地方財政計画と地方交付税の関係

冒頭述べたように、地方財政計画によって地方交付税の総額が決まります。図表20は、地方財政計画の歳入歳出と地方交付税の算定の関係をまとめたものです。

地方交付税の算定で、地方税の全額を基準財政収入額に算入せず75％とするのは、税の増収努力に一定のインセンティブを与えると同時に、各自治体に余裕財源（留保財源）を残し、地域の特性に合わせた独自の施策を展開する必要があるからです。

しかし、図表20を見ていただくとおわかりのように、地方交付税の総額を決める地方財政計画は、この留保財源や、不交付団体の財源超過額を含んだ計画になっており、自治体が本当に自主的に独自の事業を行おうとすれば、新しい財源を他に求めるか、既存の事業を廃止縮小など見直すしかないのです。

図表20　地方財政計画と地方交付税の関係

地方財政計画		各自治体の地方交付税の算定
歳出	歳入	
給与関係費	地方交付税：特別交付税／普通交付税／臨財債	普通交付税／臨財債／基準財政収入額／財源超過額　←→　基準財政需要額
一般行政経費	地方譲与税等／地方税75％	
投資的経費	留保財源25％／国庫支出金	
公債費	地方債	
その他	その他	

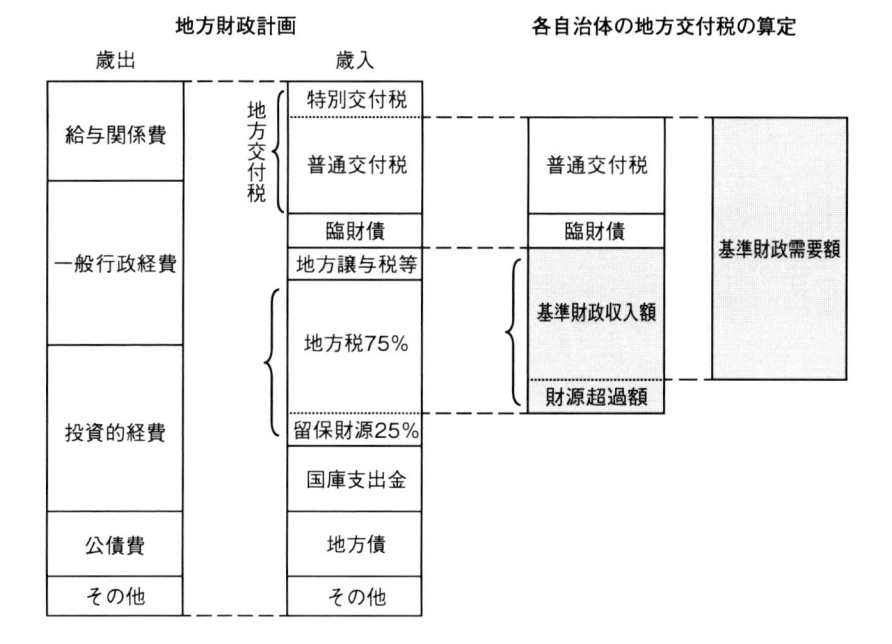

COLUMN・3

米百俵

　1870年、戊辰戦争に敗れ、焦土と化した長岡藩に、支藩である三根山藩から見舞いとして米百俵が届きました。しかし、藩の大参事（現在の副知事に相当する）だった小林虎三郎は、その日の食事にも事欠くありさまだった藩士たちを説得し、この米を売り、その代金で学校を建てたのです。
　「食えないからこそ、教育をするのだ、学校をつくるのだ」
　小林虎三郎は佐久間象山の門下生で、同じ門下生の吉田寅次郎（後の吉田松陰）と「象門の二虎」と並び称され、象山は2人のことを「国の政治を行う者は吉田であるが、わが子を託して教育してもらう者は小林のみである」と評価していました。
　小林虎三郎の建てた学校は、近代日本の発展に貢献した多くの人材を輩出します。そして、「米百俵」の逸話は、1943年、作家山本有三の手によって戯曲となり、全国に知られるようになったのです。
　1945年8月、長岡市は空襲によって再び焼け野原となってしまいます。しかし、長岡の人々は米百俵の精神で復興に取り組み、予定より1年早い1953年11月、全国戦災都市のトップをきって、復興都市計画事業を完成させたのです。
　60年後の2004年10月、長岡市を新潟県中越地震が襲い、多くの市民が家を失うなどの被害を受けました。全国から義援金が届きました。しかし、多くの長岡市民は被災した青少年の奨学金に充てるため、義援金を寄付したのです。
　このように米百俵の精神は、親から子、子から孫へと伝えられています。米百俵の精神は人材育成の大切さを教えたものですが、同時にそれは「目先のことにとらわれず、明日のために行動する」という意味でもあります。
　財政担当の皆さんなら、もうおわかりですね。
　国づくりは人づくりから。
　今の米百俵より、未来の一万俵、百万俵を考えましょう。

第 4 章

予算のしくみ

4-1 ◎…予算とは・会計とは

▶▶ 予算書の最初のページを読む

「予算＝歳入歳出予算」と思っていた方もいるかもしれませんが、そうではありません。

予算書の冒頭には、次の7つの事項のうち必要な事項が条文形式で規定されています。そして、「一時借入金」「歳出予算の各項の経費の金額の流用」以外の事項については具体的な内容が「別表」にまとめられています。

　①歳入歳出予算
　②継続費
　③繰越明許費
　④債務負担行為
　⑤地方債
　⑥一時借入金
　⑦歳出予算の各項の経費の金額の流用

予算編成は財政担当の重要な仕事ですが、予算書を読み解くと、そこに財政担当をはじめ、各部局の財政担当や事業課の担当職員を救う、たくさんのアイデアが詰まっていることがわかります。

▶▶ 一般会計と特別会計

自治体は1つの会計（一般会計）ですべての収支を経理するのが原則です。これを単一予算主義の原則といいます。しかし、特定の事業を行う場合や、特定の歳入を特定の歳出に充てて経理する必要がある場合に

図表21　予算総則の例

議案第ＸＸ号

平成ＸＸ年度ＸＸ市一般会計予算

平成ＸＸ年度ＸＸ市の一般会計の予算は、次に定めるところによる。
（歳入歳出予算）
第1条　歳入歳出予算の総額は歳入歳出それぞれ XX,XXX,XXX 千円と定める。
2　歳入歳出予算の款項の区分及び当該区分ごとの金額は、「第1表 歳入歳出予算」による。
（継続費）
第2条　地方自治法第212条第1項の規定による継続費の経費の総額及び年割額は、「第2表 継続費」による。
（繰越明許費）
第3条　地方自治法第213条第1項の規定により翌年度に繰り越して使用することができる経費は、「第3表 繰越明許費」による。
（債務負担行為）
第4条　地方自治法第214条の規定により債務を負担する行為をすることができる事項、期間及び限度額は、「第4表 債務負担行為」による。
（地方債）
第5条　地方自治法第230条第1項の規定により起こすことができる地方債の起債の目的、限度額、起債の方法、利率及び償還の方法は、「第5表 地方債」による。
（一時借入金）
第6条　地方自治法第235条の3第2項の規定による一時借入金の借入れの最高額は、X,XXX,XXX,XXX 千円と定める。
（歳出予算の流用）
第7条　地方自治法第220条第2項ただし書の規定により歳出予算の各項の経費の金額を流用することができる場合は、次のとおりとする。
(1)　各項に計上した給料、職員手当及び共済費（賃金に係る共済費を除く。）に係る予算額に過不足を生じた場合における同一款内でのこれらの経費の各項の間の流用。
　　平成ＸＸ年ＸＸ月ＸＸ日 提出

　　　　　　　　　　　　　　ＸＸ市長　Ｘ　Ｘ　Ｘ　Ｘ

は、条例で特別会計を設置することができ、ほとんどの自治体が特別会計を持っています。

特別会計が増えると予算全体が見えにくくなり、住民や議会による監視機能の障害になることがあるので注意が必要です。

図表22 会計の種類

一般会計		普通会計
特別会計	その他の特別会計	
	事業会計	公営事業会計
	収益事業会計	
	公営企業会計	

▶▶ 特別会計と公営企業会計

特別会計には、国民健康保険特別会計のように法令に基づき設置しなければならないもの、競馬事業のように収益事業に関わるもの、奨学金貸付事業のように特定の資金を使って行う事業などがあり、水道事業のような公営企業会計を含めて（広義の）特別会計と呼ぶことがあります。

なお、公営企業会計は独立採算制を原則とし、予算は収益的収支と資本的収支に分けられ、費用、収益を発生主義に基づいて計上するなど一般の官庁会計とは異なる会計方式が採用されています。

▶▶ 普通会計

普通会計は、自治体の財政状況の比較や、地方財政全体の分析等に用いられる統計上の会計です。総務省の定める基準に従って、対象となる会計から会計間の重複額等を控除するなどの調整を行い、普通会計予算、決算を作ります。

▶▶ 当初予算と補正予算

　各会計の予算は通常、年度開始前に議決され成立します。これを当初予算といいます。補正予算は予算編成後に生じた事由に基づいて当初（既定）予算に追加、その他の変更を加える予算です。予算の補正に回数の制限はありませんが、会計年度経過後は行うことができません。

▶▶ 暫定予算と本予算

　各会計の予算は通常、年度単位で作りますが、首長は必要に応じて、一会計年度のうちの一定期間に係る暫定予算を調製することができます。その期間は通常1〜3か月で本予算成立後、その効力は失われ、暫定予算に基づく支出や債務の負担は本予算に基づく支出や債務の負担とみなされます。暫定予算についても予算の事前承認の原則が適用され、議会の議決が必要です。

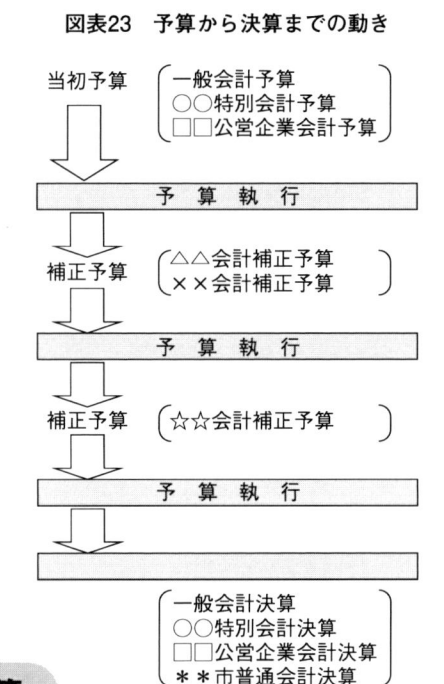

図表23　予算から決算までの動き

当初予算 →
- 一般会計予算
- ○○特別会計予算
- □□公営企業会計予算

↓ 予算執行

補正予算 →
- △△会計補正予算
- ××会計補正予算

↓ 予算執行

補正予算 →
- ☆☆会計補正予算

↓ 予算執行

↓
- 一般会計決算
- ○○特別会計決算
- □□公営企業会計決算
- ＊＊市普通会計決算

▶▶ 骨格予算と肉付け予算

　義務的経費や継続事業費などを中心に計上した予算を「骨格予算」といいます。首長や議会の選挙を控えていたり、国の予算編成の都合等により、政策的判断を先送りする場合に編成します。

　骨格予算を編成する際は、政策的経費に充てるための財源を財政調整基金に積み立てるなどして保留しておき、然るべき時期に、政策的経費を追加するための補正予算を編成します。この補正予算を「肉付け予算」といいます。

4|2 ◎…歳入歳出予算

▶▶ 歳入歳出予算は自治体の家計簿

　歳入歳出予算は自治体の家計簿です。家計簿は、1か月の収入を見積もり、それを家賃、食費、交通費、医療費などの支出項目ごとに、あらかじめ上限額を割り振り、項目ごとの支出額がその上限額を超えないよう、支出の管理を行うものです。

　歳入予算は収入の見積り、歳出予算は支出の見積りです。多くのサラリーマンの給料が月払いなので、家計簿は1か月単位に見積もりますが、自治体の歳入歳出予算は4月から翌年3月までの1年度を単位に見積もります。

図表24　歳入歳出予算書（一部抜粋）

歳出　　　　　　　　　　　　　　　　　　　　　　　　単位：千円

款	項	金　額
1　議会費		XXX, XXX, XXX, XXX
	1　議会費	XXX, XXX, XXX, XXX
2　総務費		XX, XXX, XXX, XXX, XXX
	1　総務管理費	X, XXX, XXX, XXX, XXX
	2　徴税費	XX, XXX, XXX, XXX
	3　戸籍住民基本台帳費	X, XXX, XXX, XXX, XXX
	‥‥‥	XX, XXX, XXX, XXX

議決科目と執行科目

　図表24は、予算書の中の歳出予算の一部です。予算は「款(カン)」に分類され、さらに「項(コウ)」に細分類されます。これが議会の議決の対象になるので、この「款」と「項」を議決科目と呼んでいます。

　つまり、細かいところは首長の裁量に任されていますが、それでは予算審議が十分できないということで、「予算の事項別明細書」を作成します。

　次の図表25は、歳出予算の事項別明細書ですが、予算が「款」、「項」からさらに細かく「目(モク)」、「節(セツ)」に区分されています。この「目」と「節」は議決の対象ではなく、首長の裁量で執行されるので、執行科目と呼びます。

　区分の名称は歳入予算も同じです。しかし、歳入予算が収入の見積りに過ぎず、予算を超えて収入できるのに対し、歳出予算は支出の限度額であり、これを超えて支出することはできません。

図表25　歳入歳出予算事項別明細書（一部抜粋）

歳出　　　　　　　　　　　　　　　　　　　　　　　　　　単位：千円

款			本年度	前年度	比較	財源内訳				節		説明
	項					特定財源			一般財源	区分	金額	
		目				国庫支出金	地方債	その他				
1 議会費			xx,xxx	xx,xxx	x,xxx				xx,xxx			経常費 xx,xxx 臨時費 xx,xxx
	1 議会費		xx,xxx	xx,xxx	x,xxx				xx,xxx			職員 xx 名、人件費 xx,xxx
		1 議会費	xx,xxx	xx,xxx	x,xxx				xx,xxx	1 報　酬	xx,xxx	議会運営に要する経費 xx,xxx
										3 職員手当等	x,xxx	議員報酬　　　xx,xxx
										4 共済費	x,xxx	旅費　　　　　xx,xxx
										8 報償費	xx	xx　　　　　　xx,xxx
										9 旅　費	xx,xxx	xx　　　　　　xx,xxx
										10 交際費	xxx	xx　　　　　　xx,xxx
										11 需用費	x,xxx	xx　　　　　　xx,xxx

▶▶ 予算の流用

「目」や「節」、執行科目の範囲でなら首長は予算をやりくりすることができます。これを「予算の流用」といいます。流用が必要となるのは事業課であり、その可否を決めるのは財政担当である皆さんです。

一方、執行科目の中で賄えないような事態が生じた場合は、予算を変更するために議決が必要となり、首長は議会に、補正予算を提出しなければなりません。

予算書や決算書が「款」「項」と大きなくくりで整理するのは、首長と議会の権能のバランスをとるためですが、これとは別に事項別明細書を作るのは、財政担当が各部局における予算執行を管理するためということができます。

▶▶ 使い切り予算

歳入予算総額と歳出予算総額は同額でなければなりません。

「そんなことは当たり前」と思うかもしれませんが、これこそが、歳入予算に計上するその年度の収入を全部、歳出予算に計上して使い切ってしまう「使い切り予算」の元凶です。

例えば年度末の2～3月に道路工事が増えるのは、この「使い切り予算」の典型です。

もちろん、年度末になって「予算が残っているから」と、必要もないのに予算を使うのは無駄遣いです。実際、そういうこともあるでしょう。しかし、補修工事の必要がある道路を複数抱えた事業課では、今年度残っている予算を使ってできるだけ多くの工事を実施し、もしも来年度の予算が削られても（苦情の出ないように）乗り切ろうと考えます。そういうわけで、事業課の担当職員の多くは「使い切り予算」をさほど悪いことだと思っていないのです。

「今月、ボーナス入ったから温泉に行こう！」

「少し余裕があるからトイレットペーパーを買いだめしておこう」

いずれも身近な「使い切り予算」です。

一概に悪いとは言えません。

▶▶ 不用額

　一方、歳出予算を使い切らないと残るのが不用額です。見積りより低価格で契約ができた、見積りより需要が少なかった、事業そのものが天候、事故、その他の理由で中止になったなど、計画どおりに予算を執行できず、不用額として歳出予算が残ることはよくあることです。
　「不用」という言葉の印象から、不用額の多さを問題にした時代もありました。不用額が多いのは「予算編成時の見積りが甘かったせいだ」「仕事をしなかったからだ」というわけです。しかし、問題なのは予算をいくら使ったかではなく、予算を使って事業の目的、目標がどこまで達成できたのか、ということです。

▶▶ 肥大化する歳出予算

　「あれもやる」「これもする」首長や議員は選挙の際、たくさんの公約を掲げます。一方で、「あれが欲しい」「これも欲しい」といった願いをかなえてくれそうな候補者に投票する有権者（住民）がいます。この公約を実現するには、多くの予算が必要になるため、放っておけば歳出予算はどんどん肥大化します。
　遠い未来より目先の今が大切。しかし、結局、そのツケは有権者であり住民である納税者が支払うことになるのです。
　このことを決して忘れないようにしましょう。

▶▶ 歳入＝歳出にする方法

　こうして肥大化する歳出予算に対して、歳入予算は景気がよくなるか、増税でもしない限り簡単には増えません。歳入歳出のバランスをとるのに妙案はなく、
　①仕事を減らして歳出を削る

②税の収納強化などを実施して歳入を増やす

この2つを着実に実行するしかありません。

このつじつま合わせを「行政改革」と称する自治体がありますが、これは改革でも何でもない、自治体の普通の仕事です。

民間企業のように、仕事を増やして収益を上げ、財政状況を改善させることができないのが、自治体の弱みです。

しかし、できることがあります。

それは、予算ではなく皆さんの知恵を使って仕事をすることです。

▶▶ 歳出予算の「残る要素」と「足りなくなる不安」

自治体が工事を行ったり、物を買ったりするときは、原則として競争入札が行われます。競争入札とは、同じ仕事を複数の事業者に見積もらせ、一番低い金額を提示した事業者に仕事をお願いするという仕組みです。予算額と実際に契約した金額との差を「契約差金」と呼び、歳出予算の一部は使われずに残るのが普通です。一方、インフルエンザが流行して医療費が増えたような場合、これを払わないわけにはいきません。年度当初に計上した予算で足らなければ、追加の予算（補正予算）を編成する必要が出てきます。

このように、歳出予算には「残る要素」と「足りなくなる不安」の2つがあるのです。

▶▶ 歳入予算における財政調整基金の役割

歳入の中心となる税収は、調定額×収納率です。調定額（課税額、つまり100％収納できたときの額）も収納率（実際に収納される割合）も、景気の動向に左右されます。強め（多め）に見込みたいところですが、歳入欠陥という事態は避けなければなりません。

そこで活用するのが財政調整基金です。財政調整基金は、いざというときの備えとして、使途の限定のない自由に使える貯金です。

会計年度の始まる前に編成する、年間を見通した予算（当初予算）の

歳入は、堅く確実な線で見込み、不足分は財政調整基金からの繰入金を計上してしのぎます。そして税収が概ね確定したころ、補正予算で基金からの繰入れを解消、ないし減額します。つまり、財政調整基金をできるだけ取り崩さないようにコントロールするのです。

家計にもいざという時の備えが必要です。

子供が4月から塾に通うことになり、いざというときのために貯めていた「定期預金」を解約することにしたとします。このような場合、確実とはいえない（失礼）昇給や昇進を当初予算に見込んではいけません。歳入欠陥（収入不足）を起こす可能性があるからです。

「身の丈」に合った予算を組むのは、家計も自治体も同じです。

このように予算編成に欠かせない役割を果たす財政調整基金は、予算規模の5％程度、標準財政規模の10％程度はほしいところです。

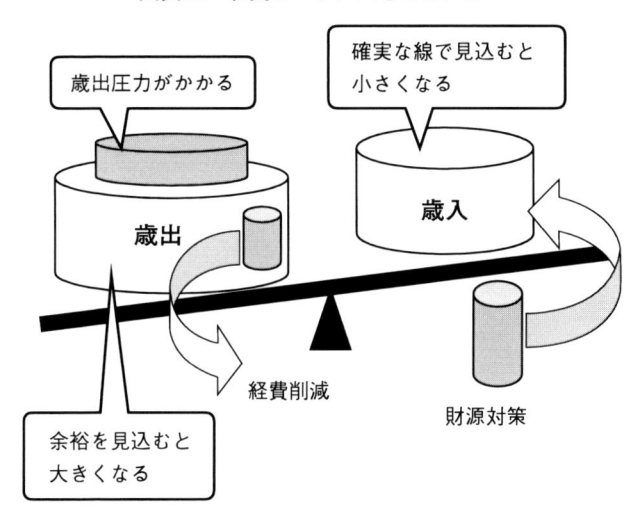

図表26　収支のバランスをとるには

歳出圧力がかかる
確実な線で見込むと小さくなる
歳出
歳入
経費削減
財源対策
余裕を見込むと大きくなる

標準財政規模とは、自治体が標準的な状態で経常的に入る収入の額のことです。

> 標準財政規模＝
> 　標準税収入額等＋普通交付税額＋臨時財政対策債発行可能額

4-3 ◎…繰越明許費

▶▶ 繰越明許費にして予算を翌年度に繰り越す

　自治体予算は年度単位に編成、執行されます。これを会計年度独立の原則といいます。しかし、どうしても年度内に支払いが終わらず、翌年度に繰り越して支払う必要がある場合、繰り越す支出限度額を繰越明許費として、あらかじめ予算に定めておくことができます。必要な財源も合わせて繰り越します。繰越明許費は年度途中の事情変更によるものですから、通常は補正予算で提案されます。

　繰越明許費に計上すれば、未契約の仕事を翌年度に契約することもできます。

図表27　予算書上の繰越明許費の例

単位：千円

款		項		事業名	金　額
2	総務費	1	総務管理費	庁舎管理システム更新工事	XXX,XXX
8	土木費	2	道路橋梁費	XX交差点改良事業	XXX,XXX

▶▶ 予算を流す

　歳出予算によって、議会は首長に支出の権限（限度額）を与えますが、同時に、首長は議会や住民にその執行を約束したことになります。歳出予算を執行しないことを「予算を流す」と称しますが、理由もなく予算を流すのは議会や住民に対する約束違反です。これは、創意工夫や節約によって「予算を残す」こととは全く違うものであり、厳に慎まなくてはなりません。

▶▶ 事故繰越

繰越明許費に似たような制度として「事故繰越」があります。

繰越明許費は歳出予算を翌年度に繰り越して使うことができる、予算上の唯一の方法です。これに対し、事故繰越は繰越明許費として予算に計上し、議会の議決を得ることが時間的に困難な場合の緊急措置です。文字通り「事故」に備えた制度です。

したがって、未契約の仕事を事故繰越にすることはできません。

繰り越せなかった未契約の仕事は、予算が流れてしまうので、執行できなくなってしまうのです。

繰越明許費にしろ、事故繰越にしろ、繰り越す際には必要な財源も合わせて翌年度に繰り越しますが、予算が流れてしまうと財源も一緒になくなります。したがって、流れた予算が必要なら、次の予算編成の機会に再度、予算計上しなければなりません。

もちろん、こういった事態にならないよう、事業が計画的に進められているかどうか、予算の執行状況を定期的にチェックする必要があります。

なお、繰越明許費も事故繰越も、出納が閉鎖される5月31日までに繰越計算書を作り、議会に報告しなければなりません。

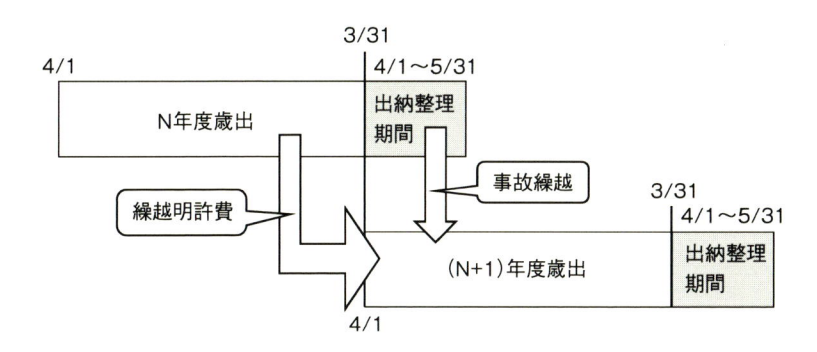

図表28　繰越明許費と事故繰越の違い

4◎…継続費

▶▶ 継続費の逓次繰越

　大規模な工事などで2年度以上にわたって代金を支払う必要がある場合、あらかじめその経費の総額と年割額（各年度ごとの支出限度額）を事業ごとに定めておくことができます。これを継続費といいます。継続費に計上すれば初年度に総額で契約することができます。

図表29　予算書上の継続費の例

単位：千円

款	項	事　業　名	総　額	年　度	年割額
8　土木費	2　道路橋梁費	XX橋架替工事	1,500,000	平成28年度	300,000
				平成29年度	300,000
				平成30年度	300,000
				平成31年度	600,000

　しかし、次項で説明する「債務負担行為」でも同様の機能が果たせることから、継続費の利用されるケースは少なくなっています。

　継続費を計上するような大規模な工事では、予期せぬ事態が生じ、工事が遅れ、計画通り予算が執行できないことがあります。そこで継続費では、不用額が出た場合、つまり歳出予算が余った場合、これを次年度に繰り越すことができ、さらに不用額が出た場合、さらに次年度に繰り越すことができます。これを継続費の逓次繰越と呼んでいます。

　「逓次」とは、「次々と、順次」という意味です。

図表30　継続費の逓次繰越

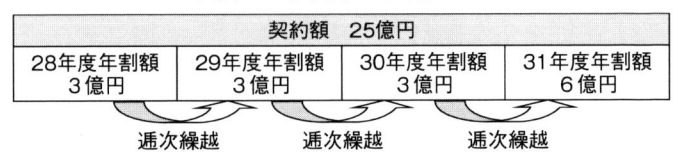

契約額　25億円			
28年度年割額 3億円	29年度年割額 3億円	30年度年割額 3億円	31年度年割額 6億円
	逓次繰越	逓次繰越	逓次繰越

45 ◎…債務負担行為

▶▶ 債務負担行為VS継続費

　翌年度以降の支出を伴う契約などの行為（債務負担行為）を行う場合は、あらかじめ予算で、その限度額を事項ごとに期間を限定して定めておく必要があります。債務負担行為は、将来の歳出予算に計上することを義務付けることから、慎重な運用が必要です。また、年度内に債務負担行為を行わなければ効力は消滅します。

図表31　予算書上の債務負担行為の例

単位：千円

事　項	期　間	限　度　額
市総合計画策定支援業務委託	平成29～30年度まで	XXX,XXX,XXX
市立西図書館の管理・運営	平成29～32年度まで	XXX,XXX,XXX
市道B117号線用地取得事業	平成29～32年度まで	XXX,XXX,XXX
市道13号線用地取得事業	平成29～32年度まで	XXX,XXX,XXX
大型高速プリンタ賃借	平成29～32年度まで	XXX,XXX,XXX
土地区画整理事業の施行に伴う移転資金融資あっせん及び利子補給	平成28～48年度まで	XX市が協定金融機関に補給する利子相当額
XX市土地開発公社に対する債務保証	平成28～38年度まで	XX市土地開発公社が協調融資団から借り入れる事業資金15億円及び利子相当額
XX市土地開発公社からの用地取得費	平成28～38年度まで	XX市がXX市土地開発公社から取得する用地費

　例えば、28年度から30年度にかけて総額3,000万円の総合計画策定支援業務をA社に委託するとします。支払いは各年度1,000万円としました。このとき、28年度歳出予算に1,000万円を計上しただけでは3,000万円の契約を結ぶことはできません。そこで、28年度予算の中の債務負担行為に29年度から30年度の期間で2,000万円を計上します。これで初めて総額3,000万円の契約ができます。

図表32　債務負担行為の例

契約額　3,000万円	
28年度 歳出予算額 1,000万円	29〜30年度 債務負担限度額 2,000万円

　継続費で同じことをするには、歳出予算に1,000万円を計上した上で、28年度、29年度、30年度にそれぞれ年割額として1,000万円を計上する必要があります。継続費ではさらに、予算に付属する「予算に関する説明書」に「継続費に関する調書」を添付しなければならず、各年度の5月31日までに「継続費繰越計算書」を、事業期間終了後には決算に合わせて「継続費精算報告書」をそれぞれ議会に報告しなければなりません。

　これに対し、債務負担行為は「契約」だけを認める制度であり、事務的には継続費のような煩雑さがないため、重宝され、逆に継続費は利用されなくなっているのです。

　債務負担行為を伴う契約締結後は毎年度、歳出予算を間違いなく計上しなくてはなりません。そのときは、もちろん「予算がない」とは言えません。

▶▶ 金額の定めのない債務負担行為

　債務負担行為である「契約」には損失補償や債務保証など金額が確定しないものも含まれます。外郭団体が金融機関から融資を受ける際に自治体が債務保証する、というようなケースです。

　（お父さん）「友達が自動車ローンを組むので保証人になって欲しいと言われたんだけど……」

　（お母さん＆我が家の財務大臣）「いくらの車なの？」

　万一の時は、自動車の代金と利子相当分を覚悟しなければなりません。

　簡単に保証人にはなれませんね。

▶▶ (通称)ゼロ債務

　28年度から30年度にかけて総額3,000万円の総合計画策定支援業務をA社に委託する例では、28年度の支払額をゼロに、つまり歳出予算に一円も計上せずに3,000万円の契約をすることができます。契約期間が年度途中から始まり、出来高がなく初年度に支払いが生じない場合などに用いられます。この場合、初年度となる28年度予算には歳出予算を計上せず、期間を28年度から30年度とした3,000万円の債務負担行為を計上します。

　（お父さん）「ローンで車買ったから、来月から支払いよろしくね」
　（お母さん）「頭金も要らないローンなの？」

　頭金が要らないからといって、安易にローンを組んではいけません。

　自治体の予算は4月になってから使えるようになるので、工事の発注や仕事の依頼は4月に集中します。また、工事の検査などは年度末に集中します。しかし、集中した仕事に合わせて職員を配置するのは効率的ではありません。債務負担行為やゼロ債務を使うと、集中する仕事を平準化することができます。

▶▶ 長期継続契約

　電気、ガス、水の供給、電気通信役務の提供を受ける契約、不動産を借りる契約については、債務負担行為を予算で定めなくても、契約期間を複数年とする契約ができます。ただし、契約中に「予算の範囲内において」「予算の定めるところにより」などの文言を入れ、歳出予算の有無を契約の解除（変更）条件とします。

　また、政令の範囲内で、自治体が条例により、長期継続契約の対象範囲を拡大することができます。例えば、複写機、電子機器、OA機器等の賃借、施設の維持管理、清掃など単年度の契約では安定した業務の遂行に支障を及ぼす契約です。

　役所は「単年度主義」といわれますが、こうした現実的な対応もできるようになっているのです。

4-6 ◎…地方債

▶▶ 地方債は自治体の住宅ローン

　自治体は地方債を発行することができますが、あらかじめ起債の目的、限度額、起債の方法、利率、償還方法を予算で定めておかなければなりません。

　また、地方債の発行によって得られる収入は歳入予算に計上します。

　地方債の発行は、家庭でいえば住宅ローンと同じです。若いうちに住宅ローンを組んでマイホームを建て、働きながら返す。そうすれば、早くからマイホームに住むことができます。反対に、お金を貯めてから建てるとしたら、マイホームに住むのは何年も先になってしまうでしょう。

　地方債の発行によって、必要な行政サービスを早期に実現することができます。

　地方債の詳細については第6章（p.134～）を参照ください。

図表33　予算書上の地方債の例

単位：千円

起債の目的	限度額	起債の方法	利率	償還の方法
XX川橋梁整備事業	XXX,XXX	普通貸借または証券発行	5.0%以内（ただし、利率見直し方式で借り入れる政府資金及び地方公共団体金融機構資金について、利率の見直しを行った後においては、当該見直し後の利率）	起債のときから据置期間を含め30年以内に償還する。財政の都合により繰上償還をなし、又は低利債に借換えすることができる。
旧私立病院東棟改修事業	XX,XXX	〃		
新空港整備負担事業	XX,XXX	〃		

▶▶ 世代間の負担の公平

一方、体育館やホールなど、何十年も使う施設の建設を一世代の税金で賄うのは必ずしも公平とはいえません。地方債を発行し、後世の住民に償還費用を負担してもらうことで、世代間の公平を図るのも地方債の役割の1つです。

我が家なら、親子二世代ローンといったところでしょうか。

2011年3月11日、東日本大震災では多くの方々が亡くなり、負傷し、都市は破壊されました。数十年、数百年に一度という間隔で発生する震災に対し、その復興と国土の安全を守るためには、世代を超えた負担が必要です。国債や地方債にはそういった役割もあります。

▶▶ 許可制から協議制へ

地方債の発行は、都道府県は総務大臣の、市町村は都道府県知事の許可が必要でしたが、2006年度から協議制に移行しました。

図表34　地方債と積立金の相違

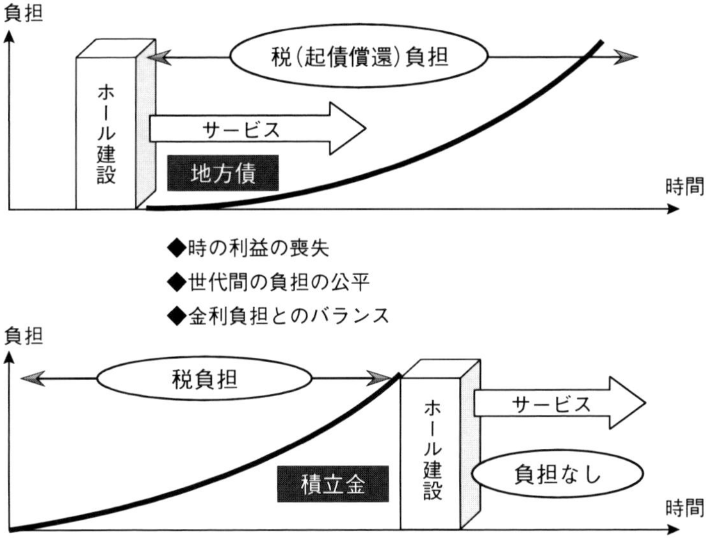

◆時の利益の喪失
◆世代間の負担の公平
◆金利負担とのバランス

ただし、地方債全体の信用を維持するため、一定額以上の赤字を出した場合、公債費比率が高い場合など、許可を得なければ発行できないことがあります。

また、2012年度からは事前届出制が導入されました。詳しくは第6章で解説します。

▶▶ 借金総額約201兆円

自治体の赤字債が増加しています。退職手当債、減税補てん債、臨時財政対策債などの残高は全体の約3割を占めます。これらは、住宅ローンではありません。歳入不足を補うために発行するものです。

赤字債以外の地方債（通常債）はその性格から建設債と呼びます。でも、いったん発行してしまえば、借金に、いいも悪いもありません。

地方債現在高を含めた地方財政（全自治体）の借入金残高は、2013年度末で約201兆円に上ります。

自治体の税収は約35兆円（2013年度決算）、これに地方交付税などを加えた一般財源は約56兆円ですから、自治体には年収の4倍近い借金があります。一方、返済額（公債費）は13兆円（同年度決算）です。年収の4分の1をローンの返済に充てています。

800兆円を超える国の借金に比べれば、まだまだ健全？

そうでしょうか？上記の数字は自治体の全体像、平均値です。自治体によっては、これより厳しい状態にあるところはいくらでもあります。財政問題も人口問題も、国（平均値）より自治体の方が先行して進んでいるのです。

財政担当である皆さんが真っ先にやらなくてはならないのは、自分の自治体の家計簿を確認し、その数値を比較することです。

47 ◎…一時借入金

▶▶ 一時借入金で運転資金を借りる

　支出は予算の範囲内でしっかり管理されていても、月給の遅配など収入が予定どおり入らなかったり、月謝などを年2回、まとめて支払わなければならなかったり、手元に現金のないことがあります。こんなときは、貯金をおろして支払います。そして、収入が入ったら貯金に戻します。貯金がないときは親元から借りたりして工面します。そして、収入が入ったら返します。

　自治体も家計と同じで、支出に合わせて収入が入ってくるわけではありません。会計年度が4月に始まるのは税収が最も多く集まる時期だから、と聞いたことがありますが、いずれにしても一時的に資金不足になることが考えられます。これを埋めるには、余裕のあるとき、銀行等に預けておいた貯金をおろす、特別会計を含め他会計のお金や、積立基金などのお金を融通（繰替運用）する、などの方法があります。それでも足りないとき、金融機関から借金することができるというのが一時借入金です。予算では、その限度額を決めます。

「クレジット会社から、残高不足で引き落とせないから○○日までに入金してくれって……」
「困ったわね、来週の月給日まで立て替えておいてくれない？」
「そんな金ないよ！」
「我が家にも一時借入金があったらいいのに」
　皆さんも、そう思ったことはありませんか？

▶▶ 借りたら返す

　一時借入金は「一時」というくらいですから、年度内（出納の閉鎖される5月31日まで）に、その年度の収入で返済しなければなりません。同じ借金でありながら、地方債の発行による収入は歳入予算に計上するのに、一時借入金は計上しません。これは、自治体の予算が年度末には「歳入＞歳出」となり、一時借入金を清算できる（返済できる）ことを前提に、金融機関から短期間、借り入れるものだからです。

　このように、一時借入金は一時的な資金不足を補うもので、歳入予算とは関わりません。

▶▶ 返せなかったら「前借り」する

　仮に、この一時借入金を返済できなくなったらどうなるのでしょう？ 返済できないときとは、年度末に「歳入＜歳出」となる見込みのときです。歳出には予算のしばりがかかっていますから、「歳入＜歳出」の原因は歳入の見積り誤りにあります。

　こうなると、予算に関わってきます。

　こういうとき、自治体は翌年度の収入を前借りします。これを繰上充用（p.34参照）といいます。家計でいえば給料の前借りと同じです。

　「借り」だから返すのかというと、返さないのも給料の前借りと同じです。そういった意味では「借り」より「繰上」のほうがふさわしい名称だといえるでしょう。

　繰上充用によって当座の赤字決算を防ぐことはできます。しかし、仮に昨年と同じ財政運営、収支を繰り返せば、翌年度は繰上充用した額の2倍の歳入不足を起こすことになります。したがって、別の歳入を確保するか、歳出を削減するか、その両方を行うか、これらを補正予算を編成して実行する必要があり、財政運営はさらに厳しいものになります。

　そうです。

　給料を前借りしても、生活が楽になるわけではありません。

図表35　前借りしても楽にはならない

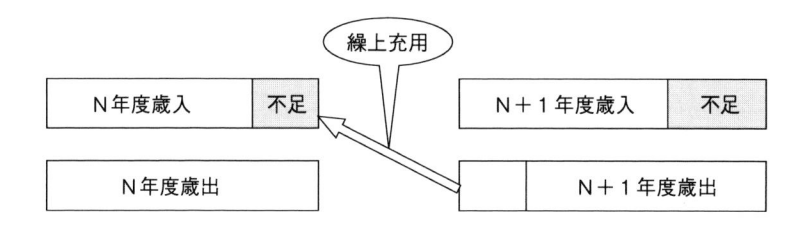

```
                    繰上充用
┌──────────┬──┐        ┌──────────┬──┐
│ N年度歳入 │不足│        │N＋1年度歳入│不足│
└──────────┴──┘        └──────────┴──┘
                    ↙
┌─────────────┐        ┌─────────────┐
│  N年度歳出  │        │ N＋1年度歳出 │
└─────────────┘        └─────────────┘
```

▶▶ お金がなくても使える予算

　自治体がお金を使うには「予算」が必要です。しかし、この「予算」とは歳出予算のことだけではありません。

　これまでみてきたように、次のいずれかの金額が計上されていれば、お金の支払いを伴う契約をする（これを支出負担行為といいます）、つまり、お金を使うことができます。

　①歳出予算の金額
　②繰越明許費の金額
　③継続費の金額
　④債務負担行為の限度額

　①、②には一応、歳入予算という財源の裏付けがあります。「一応」というのは、歳入予算が見積りに過ぎないからです。現金があるわけではありません。

　しかし、③、④には歳入予算という裏付けすらないのです。ですから、次年度以降の財源確保に十分注意する必要があります。

48 ◎…歳出予算の各項の金額の流用

▶▶ 歳出予算の各項の経費の金額の流用

　歳出予算の区分のうち議決科目である「款」と「項」は、相互の流用はできません。ただし、あらかじめ予算で定める事項に関しては、例外として同一の款内の各項の間の流用が認められています。
　「各項に計上した給料、職員手当等及び共済費（賃金に係る共済費を除く。）に係る予算額に過不足を生じた場合における同一款内での各項の間の流用」（一般会計の例）
　職員の給料は各「項」に計上しますが、各部局の職員数の変更、人事異動などで予算を動かす必要があるからです。
　「保険給付費の各項に計上した予算額に過不足を生じた場合における同一款内での各項の間の流用」（国民健康保険特別会計の例）
　もし、保険給付費に変動があった場合でも、速やかに支出する必要があるからです。

▶▶ 各目、各節の間の流用

　項の内訳である「目」、及び目の内訳である「節」は執行科目であり、議決を必要とせず、相互に流用することができます。
　ただし、流用が無制限に許されるわけではなく、財務規則などで次のような制限を設け、財政課に協議を義務付けているところもあります。
　①人件費と物件費相互間の流用
　②食糧費を増額する流用
　③交際費を増額する流用

④「目」「節」の新設に当たる流用
⑤流用した予算をさらに流用すること

▶▶ いい流用

　一般に「流用」というと、本来使ってはならない使途にお金を使うこと、「公金の私的流用」などのように犯罪をイメージされることが少なくありません。一方、大切に使っている製品を修理する際、部品の保存期間が切れていて、止むを得ず他の製品のパーツを流用（転用）することがあります。同じ「流用」ですが、これは悪いことではありません。
　ルールに則った予算の流用は後者です。決して悪いことではありません。
　自治体の役割を果たすために必要なら、予算執行上にも創意工夫があっていいはずです。

▶▶ 悪い流用

　ルールに則っていても、やってはならない流用があります。予算は政策を実現するための手段であり、ときには政策そのものになります。首長が議会とともに練り上げたものと全く異なる政策に、予算を流用してはいけません。大きな政策変更する際には、補正予算を編成するのが、正しいやり方です。
　また、議会が否決した経費に流用することは法律で禁じられています。

▶▶ 特別会計における弾力運用

　特別会計のうち、その事業の経費を主としてその事業の収入で賄っているものについて、業務量の増加による収入を経費に充てることができる「弾力条項」を条例で定めることができます。補正予算、予備費の充当、流用などの措置では対応できない事業を想定しており、弾力条項を適用した場合は、次の議会に報告しなければなりません。

49 予算に関する説明書

▶▶ 予算に関する説明書

　予算を議会に提出するときは、予算書とともに政令で定める「予算に関する説明書」を提出しなければなりません。
　以下、その内容です（自治令144条1項）。

①歳入歳出予算事項別明細書
　歳入歳出予算の各項の明細ですが、議会で議論の材料にされることも少なく、職員が予算執行で使用することもありません。

②給与明細書
　現在の職員の給与費の内訳です。職員一人の採用は3億円の債務負担行為と同じですが、将来経費まではわかりません。

③継続費に関する調書
　継続費について、これまでの支出額、これからの支出予定額、並びに事業の進行状況等がわかります。

④債務負担行為に関する調書
　債務負担行為について、これまでの支出額、これからの支出予定額等がわかります。

⑤地方債に関する調書
　地方債の現在高はわかりますが、将来の返済計画などはわかりません。

⑥その他
　予算書も予算説明書も、その形式は国の規則で定められています。しかし、それを読み解くのは容易ではありません。中でも将来の財政負担については、その一部しか明らかにされていません。

そこで、作られているのが「よくわかる予算書」です。これについては、第1章で、財政担当の必読書ということでご紹介しました。

▶▶ 公営企業会計の予算と予算に関する説明書

公営企業会計の予算は、地方公営企業の管理者の作成した原案に基づいて、首長が調製します。以下、その内容です（地公企令17条1項）。
①業務の予定量
②予定収入及び予定支出の金額
③継続費
④債務負担行為
⑤企業債
⑥一時借入金の限度額
⑦予定支出の各項の経費の金額の流用
⑧議会の議決を経なければ流用することのできない経費
⑨一般会計又は他の特別会計からの補助金
⑩利益剰余金の処分
⑪たな卸資産購入限度額
⑫重要な資産の取得及び処分

また、公営企業会計についても、公営企業の管理者の作成した「予算に関する説明書」を議会に提出しなければなりません。
以下、その内容です（地公企令17条の2第1項）。
①予算の実施計画
②予定キャッシュ・フロー計算書
③給与費明細書
④継続費に関する調書
⑤債務負担行為に関する調書
⑥当該事業年度の予定貸借対照表並びに前事業年度の予定損益計算書及び予定貸借対照表

これまで見てきた一般会計等の予算とどこが違うのか、見比べてみてください。

4-10 ◎…予算の7つの原則と例外

▶▶ 予算の7つの原則と例外

　日本の自治体の会計年度は毎年4月1日に始まり、翌年3月31日に終わります。米国や中国の会計年度は暦年と同じ1月に始まり、12月31日に終わります。このように、予算には会計年度1つとっても「原則」があります。
　予算の原則は納税者である住民のために「わかりやすさ」を求めていますが、現実とのギャップを埋めるために多くの「例外」が存在し、予算を「わかりにくい」ものにしています。

▶▶ 総計予算主義の原則

　「一会計年度における一切の収入及び支出は、すべてこれを歳入歳出予算に計上して執行しなければならない」という原則です。
　自治体は住民の大切な税金を使って仕事をするわけですから、それを漏れなく記録し明らかにする義務があります。家計では許される（？）お母さんの大事なヘソクリだって、自治体では禁止です。一家に出入りする金銭は、すべて明らかにしなければなりません。
　これまで見てきた一時借入金や、他の会計や基金に属する現金を融通する繰替運用は、役所の金庫に入っているお金（歳計現金）の不足を補うためのものなので、予算には計上しません。総計予算主義の原則の例外です。このほかの例外としては、決算剰余金の基金への積立てや、一時預かりのための歳入歳出外現金、定額運用基金などがあります。

▶▶ 会計年度独立の原則

「自治体の歳出は、その年度の歳入をもって充てなければならない」という原則です（自治法208条2項）。

小学校の給食会計を想像してみてください。今年度集めた給食費がいくらか残ったとします。これを次の年度の給食に充てたら、新入生は喜びますが卒業生は不満を言うでしょう。年度末に給食のメニューが少し賑やかになるのは、集めた給食費を使い切ってゼロにするためです。

小学校ほどではありませんが住民も移動（引っ越し）します。小学校の給食費に当たるのが税金です。住民の納めた税金は、納めた住民のために使う、というのが会計年度独立の原則です。

反対に、給食費が足りなくなってしまう場合もあります。実際に、ある市では消費増税や食材費の高騰で予算が不足し、2日間給食をとりやめました。そうならないように、年度末まで予算に余裕を持っておくことも必要です。

これまで見てきた、継続費の逓次繰越、繰越明許費、事故繰越、翌年度歳入の繰上充用は、会計年度独立の原則の例外です。このほかの例外としては、決算剰余金の繰越しなどがあります。

▶▶ 予算単年度主義の原則

会計年度独立の原則に似たものに、単年度主義の原則があります。

「予算は会計年度ごとに作成し、次の会計年度以降の予算を拘束しない」という原則です。

今では家庭でも一般的になっているリース契約は、以前は役所に馴染みのないものでした。リース契約が3年、5年の長期にわたるからです。次年度以降の契約を確実に約束して欲しいと事業者に迫られ（事業者にとっては当たり前のことですが）、困った職員が（権限はありませんが）念書を書いていたという逸話が残っています。

予算には、予算単年度主義の例外として継続費（4－4）や債務負担行為（4－5）というしくみがあり、議会の承認を得て複数年度にわた

る契約をすることが可能です。条例で長期継続契約の範囲を広げることもできます。

しかし、当時は「役所は予算単年度主義だから、役所のしくみに合わせろ」という考え方が横行していました。社会、経済、商慣習の変化に（今でも同じですが）、役所はなかなか付いていけなかったのです。

予算単年度主義の原則は、毎年、議会の議決を受けることで役所の動きを確実にチェックできるという利点がある一方、「使い切り予算」の弊害や、長期的な政策立案が進まないなどの問題点が指摘され、複数年度予算を検討する動きがあり、諸外国にはそうした実例があります。

▶▶ 単一予算主義の原則

「一切の収入及び支出を1つの予算にまとめ、予算の調製は一会計年度一回とする」、つまり家計簿は一冊に限るという原則です。家計簿があっちにも、こっちにもあってはわかりにくくなってしまうからです。

しかし、自治体の事務事業は極めて複雑で多岐にわたるため、複数の会計に区分した方が適当な場合があり、実際、数多くの特別会計が存在します。また、変化する行政需要に的確、迅速に対応するため、年度の途中で予算の補正を行うことも一般化しています。

ご家庭でも、お父さんや子供たちのお小遣いや家族旅行の積立てなど、別会計になっているものもあるでしょう。病気や事故で予想しない出費がかさみ、当初の計画を変更することもあります。

このように、「単一予算主義」は有名無実になっています。

▶▶ 予算統一の原則

「予算を誰にでもわかりやすいものにするため、歳入と歳出の分類を統一的、系統的に調製し、一定の秩序を持たせなければならない」という原則です。

予算の様式は法令で定める様式を基準にしなければなりません。予算を統一にすることによって、自治体予算の全体像を把握することがで

き、過去の予算との比較、他の自治体との比較が容易になります。
　しかし、統一することによって「わかりやすい」予算書になると考えたのは大間違いで、多くの自治体が法律で定められた予算書とは別に、「よくわかる予算書」を作成、公表しています。

▶▶ 予算公開の原則

　「予算は公表、公開されなければならない」という原則です。
　首長は議長から予算の送付を受けた場合、再議その他の措置を講ずる必要のないときは、直ちにその要領を住民に公表しなければなりません。また、条例の定めにより毎年2回以上、財政に関する事項を住民に公表することになっています（自治法209条2項）。
　しかし、予算公開を単なる手続きに終わらせてはいけません。
　「よくわかる予算書」を多くの自治体が作成するのも、予算が「誰かが作ってくれるもの」ではなく、住民自身のものであることを強く意識してほしいという思いからです。

▶▶ 予算事前議決の原則

　「予算は議会の議決を経なければ執行することができない」という原則です。
　自治体予算は住民自身のものですから、予算事前議決の原則は厳格に守られなければなりません。このため、首長は会計年度ごとに予算を調製し、遅くとも年度開始前、都道府県及び指定都市にあっては30日前、その他の市及び町村にあっては20日前までに議会に提出することになっています（自治法211条1項）。
　しかし、首長による専決処分、原案執行権という例外があります。いずれも自治体の運営に支障をきたすことのないよう定められた、緊急措置です。予算の議決に関しては改めて説明します（5-6）。

COLUMN・④

役所の養子

　私の母は、役所勤めで遅くまで帰らぬ父のことを「役所の養子」と呼んでいました。何よりも仕事を優先すれば豊かになると信じていた時代です。滅私奉公の精神が日本の高度成長を牽引していました。そんな父の背中を見て育った私は、「役人にならない」「仕事人間にならない」と心に決めていました。

　しかし、22歳のとき、就職活動に失敗。紆余曲折の末、役所に勤めることになり、第一の禁を侵してしまいます。エンジニア志望だった私に役所の仕事が合うはずがありません。幾度も転職を試みますが、失敗。

　ところが、数年後のある日、友人らと一緒に描いた企画書が役所に認められ、面白い仕事を手にします。寝食を忘れ仕事に没頭しました。

　こうして、第二の禁も侵し、親子二代で「役所の養子」になってしまった私ですが、これを深く反省し、30歳のとき、「情報文化の未来をクリエイトする　クロスオーバーファイブ」を結成します。5時まで（オン）と5時から（オフ）を股にかけて活動する倶楽部です。

　公私混同？　いや、活私奉公の精神です。

　企業とタイアップして地域型の新しいネットワークをつくり、行き詰まった仕事を異業種ネットワークの中で議論し、夢を語り合う。今では当時の夢をそっくり実現している友人がいます。

　足立区に生まれ育ち、職場も住居も墓までも区内にある私は、完璧な井の中の蛙です。井戸が枯れてしまえば、蛙は生きていけません。ですから、オフには「好奇心」というエンジンを使って、できるだけ大海（他都市）に出かけることにしています。

　大海に出れば、肩書などは何の意味も持ちません。己の力だけで荒波を乗り越える。蛙は（洋上の小さなオアシスを楽しみに）、荒波にもまれながら、己の力を知り、社会の大きさを知り、新しい仕事のヒントをつかむのです。そして、井戸を枯らさぬ方策を携えて井の中に帰ります。

　「やせ蛙　負けるな一茶　これにあり」

　私を励ましてくれるこの句は、一茶が足立区六月村の炎天寺で詠んだ一句です。

第5章

予算編成

5-1 ◎…予算編成の流れ

▶▶ 予算から決算まで2年間

　首長は、毎会計年度予算を調製し、これを議会に提出しなければなりません。これは首長に専属する権能です。公営企業の管理者は予算原案を調製しますが、首長は管理者の作成した原案に基づいて予算を調製し、年度開始前に議会の議決を経なければなりません。予算の編成（調製）、執行の手続きは法令によるほか、各自治体の予算事務規則などで定められています。

　自治体の予算編成は前年度出納が閉鎖（5月31日）され、決算の数字が固まるころから始まります。図表36は当初予算編成の流れを示したもので、これに年数回の補正予算の編成が加わります。

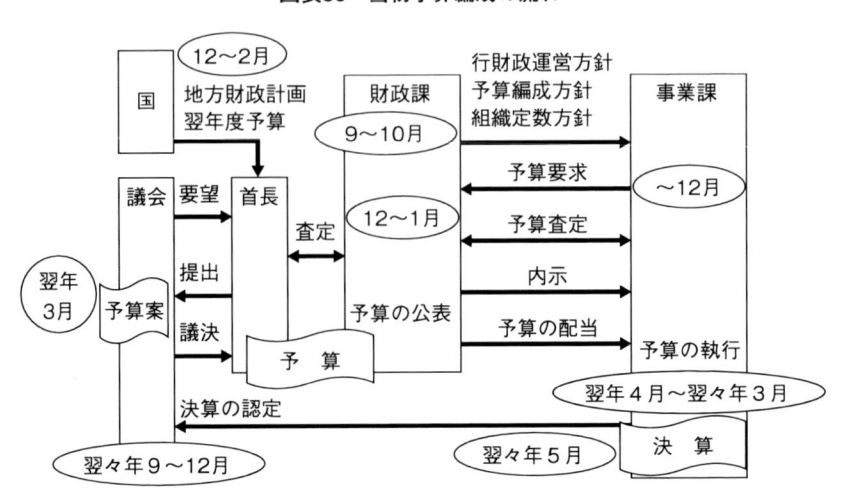

図表36　当初予算編成の流れ

```
国 ──[12～2月]地方財政計画
              翌年度予算 → 財政課  行財政運営方針     事業課
                         (9～10月) 予算編成方針 →
                                   組織定数方針
  議会  要望  首長           ← 予算要求         ～12月
         →    査定 (12～1月)
        提出                 → 予算査定
翌年  議決                   → 内示
3月 予算案    予算の公表
              予算          → 予算の配当       予算の執行
        決算の認定                          翌年4月～翌々年3月
  翌々年9～12月              翌々年5月         決算
```

補正予算は当初予算に比べて、その範囲、規模が小さいこと、緊急性が求められるため短時間で編成しなければならないことを除けば、手続き的にはほとんど変わりません。

▶▶ 事前ヒアリング

図表37の例では予算編成方針策定の前に事前ヒアリングを実施しています。これは、首長が事業課にシーリング（要求額の上限額）の設定や、予算（財源）の枠配分を行うためです。

指示がないと動かない「指示待ち組織」に対し、事業課に一定の権限と責任を与える「分権型組織」では、首長と事業課とのコミュニケーションを密にすることが重要です。

また、現在、自治体の多くで行政評価が導入されています。行政評価が導入された当初は、予算編成の流れとは無関係に評価が行われ、その存在意義が問われたこともありました。その反省から、現在では予算編成の流れに乗せる工夫が見られます。

図表36の例では、議会の決算審査までに行政評価を終えることになっており、評価結果が審査の材料になります。予算要求作業中の事業課は、

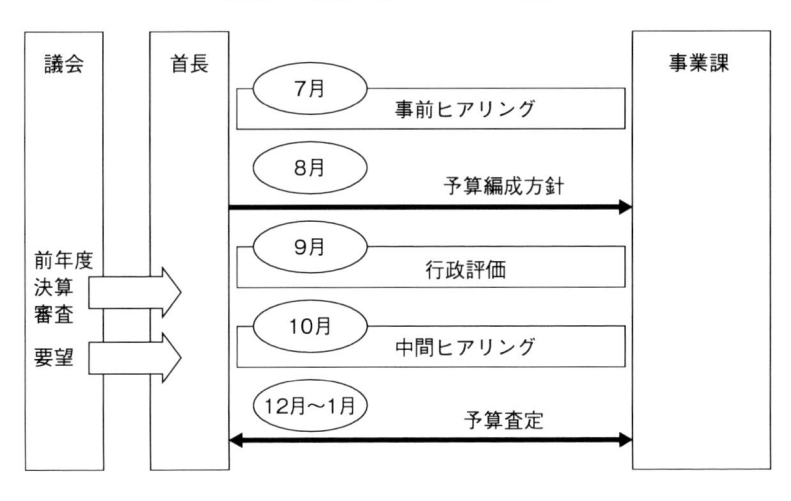

図表37　当初予算ヒアリングの流れ

議会	首長			事業課
前年度決算審査要望		7月	事前ヒアリング	
		8月	予算編成方針	
		9月	行政評価	
		10月	中間ヒアリング	
		12月～1月	予算査定	

議会の審査と行政評価の結果、そして議会のまとめる予算要望を次年度の予算編成に反映させます。この例では、中間ヒアリングを実施して、これを確認することになっています。

このように、予算編成は従来の、財政担当と事業課が密室でしのぎを削る方式から、よりオープンなものに変わりつつあります。

▶▶ 予算編成過程の公開

行政の透明性を高め住民への説明責任を果たすため、また、結論に至るまでのすべての情報が公開されるべきという情報公開の精神に基づき、予算編成過程の公開に踏み切る自治体が増えています。公開の内容も事業課の予算要求額と首長査定後の査定額、その説明で終わる自治体や、査定の段階ごとに（つまり皆さんの査定内容も）公開する自治体、中には予算に計上する事業費だけでなく、人件費（職員数）の査定状況を公開する自治体などがあります。

自治体の最重要計画である予算を利害関係者との調整だけでなく、議会や利害に関係のない大多数の納税者の声を聴き、調製することは予算の内容そのものに大きな影響を与えます。

▶▶ 予算不要論

民間企業の中には、売上げと経費の予測を短期的なサイクルで見直し、予算を作らない経営手法で業績を伸ばしているところがあります。これを脱予算経営、予算レス経営などと呼んでいます。

自治体の運営は法令で予算主義が定められており、同じようなことはできませんが、財政担当としては予算編成にかかる時間や人件費など、莫大なコストの存在を知っておきましょう。

5-2 行財政運営方針の策定

行財政運営方針とは

　行財政運営方針の策定は予算編成の最初のステップです。翌年度の課題や財政見通しを受けた基本的な施策の方向性を示します。行財政運営方針に盛り込まれるのは、概ね次のような内容です。
　①現状認識
　②基本方針
　③予算編成方針
　④組織・定員管理方針
　⑤人材育成方針
　このうち、財政担当が担うのが、③の予算編成方針です。③以外は、予算編成に密接に関係がありますが、上記のように予算編成方針と併せて策定される場合、予算編成方針の中で示される場合、それぞれの方針が単独で策定される場合があります。

地方財政法による基本原則

　方針策定にあたって、財政担当として押さえておきたいのは、財政運営の基本原則です。
　地財法2条には、「地方公共団体は、その財政の健全な運営に努め、いやしくも国の政策に反し、又は国の財政若しくは他の地方公共団体の財政に累を及ぼすような施策を行つてはならない」そして、同条2項には、「国は、地方財政の自主的な且つ健全な運営を助長することに努め、いやしくもその自律性をそこない、又は地方公共団体に負担を転嫁する

107

ような施策を行つてはならない」とあります。

　自治体は自治権を持ち、財政自主権が保障されていますが、その行使には自ずから制限があり、自分のところだけよければそれでいい、というわけではありません。

　さらに、地財法は予算編成についても基本原則を謳っています。

　地財法3条1項には、「地方公共団体は、法令の定めるところに従い、且つ、合理的な基準によりその経費を算定し、これを予算に計上しなければならない」とあり、同条2項には、「地方公共団体は、あらゆる資料に基いて正確にその財源を捕そくし、且つ、経済の現実に即応してその収入を算定し、これを予算に計上しなければならない」とあります。

　予算を根拠なく過大、過小に見積もれば、財政運営や事業執行に支障をきたすだけでなく、自治体そのものの信用を失うことになります。財政担当である貴方の仕事は、健全な財政運営を堅持しつつ、限られた財源を有効に使って、政策・施策の目標を達成することにあるのです。

▶▶ 現状認識

　地方分権の本格化に伴う自治体の役割の増大や、人口減少、少子高齢化といった社会の動き、行財政運営に大きな影響を与える経済動向や国の諸施策などに触れながら、「一方……」と、自分の市町村の懸念材料を挙げます。扶助費などの義務的経費が増加していること、公共施設の老朽化対策など避けて通れない喫緊の課題を抱えていること、などです。そして、「将来を見据えた持続可能な行財政運営」の必要性を説くのが一般的です。現状や将来を数字で示すと説得力が増します。

▶▶ 基本方針

　「厳しい財政状況の中でも」「限られた財源の中で」といった書き出しで、基本計画や実施計画など既定の計画をどう実現していくのか、首長の基本的な考え方や重点的に取り組む事項、次年度の目標などを明らかにします。

こうした首長の基本方針を具体化するのが予算であり、予算編成や予算査定はこの基本方針に沿って行われなければなりません。

▶▶ 予算編成方針

役所にとっては年中行事である予算編成も、首長にとっては自身の政策を実現する最大の機会です。予算なくして政策は実現できませんから、何を重点にするのか、ここで明確にしなければなりません。

財政課は事業課に予算の骨格（フレーム）と、その裏付けとなるデータを示し、予算要求のルールを説明します。裏付けがないと事業課の納得は得られにくく、ルールがあいまいだと、予算査定に時間がかかることになります。

事業課は予算編成方針に沿って予算見積りを行い、財政担当はこの方針に沿って予算査定を行います。予算編成方針に盛り込まれるのは、概ね次のような内容です。

①財政の現状

前年度の決算を終えたところなので、その分析結果、近年の傾向などを示します。「健全化判断比率である○○が悪化している（改善がみられる）」、「社会保障関係費を中心に義務的経費が引き続き増加している（減少している）」。結果だけでなく、悪くなった（よくなった）原因も示します。原因の究明と「改善」が財政担当の仕事だからです。

財政状況の厳しいことを強調するために、悪いところばかりを拾ってしまうのが財政担当の悪い癖です。よいところも必ずアピールしましょう。「改善」は首長の仕事でもあるからです。よいところがあれば、新しい政策も打ち出しやすくなります。

②財政収支の見通し

当該年度の歳入、歳出見通しと財政目標を示します。

ところで、自治体の財政運営は「量出制入」が理想です。自治体運営にこれだけかかるから、これだけ税金を徴収する、という形です。しかし、実際には「量入制出」の、つじつま合わせの財政運営が行われており、歳入の見通しから始めなくてはなりません。

これは、一般の家庭の財政運営（家計）によく似ています。

　まず、お父さんやお母さんの収入を見込みます。そこから、住宅ローン、光熱水費、食費、交通費、新聞代、子供の学費などを差し引き、残りがあれば、趣味娯楽費、お父さんや子供たちのお小遣いにします。つまり、お父さんや子供たちのお小遣いがいくら必要なのかは問題ではなく、収支試算の結果、支出が収入を上回る場合は、お小遣いはなくなるか減らされる運命にある、というわけです。

　自治体の歳入の中心である税は、納税者の増減、経済指標や国の方針、数年間の決算状況などをもとに、固定資産税の評価替え、地方交付税の激変緩和措置など、特殊要因を加味して試算します。補助金、地方債などの歳入は、歳出（投資的経費）と連動し、金額も大きいので漏れのないようにします。これに、税外収入、決算剰余金などを見込みます。

　歳出のうち義務的経費は、人件費（職員数の増減）、扶助費（対象者数の増減）、公債費（償還期日）など、比較的試算が容易です。投資的経費は実施計画や中期財政計画でほぼ既定されています。その他行政経費については概ね決算をもとに試算します。債務負担行為、継続費の計上、首長の政策経費枠の確保も忘れてはいけません。

　歳入歳出予算を見込むことができると、決算を見込むことができます。財政指標がよくなるのか、悪化するのか、起債可能額を超えていないか、中長期にわたる見通しが可能となります。

　これで「歳入予算額≧歳出予算額」になればシミュレーションは終わりですが、財政状況次第では、歳入不足が生じるため、財源対策を行います。

　財源対策には、基金による調整、起債充当額の拡大などが考えられます。また、歳出予算にシーリング（要求限度額）を設定して歳出抑制を図ることがあります。「経常経費は昨年度の10％減」「投資的経費は昨年度の20％減」というようなものです。このシーリングを決定するため、投資的経費など一部の予算について概算要求を求める場合があります。

　こうした試算が繰り返され、予算の骨格と財政目標が決定されます。

　さて、この試算の中には新規事業が入っていません。地方分権の名の

下、自治体の事務事業負担は増える一方です。新規事業に財源を充てるためには、新たな財源を求める、既存事業を廃止する（スクラップ＆ビルド）といった方針が必要となります。

そこで、予算編成方針に次の項目を盛り込みます。

③行財政改革の推進

歳入の確保では、税などの収納強化、受益者負担の適正化、資産の有効活用などがあり、歳出の削減では、事業の優先順位付けやスクラップ＆ビルド、民間委託等アウトソーシングの推進などがあります。

自治体はそれぞれ行政改革の推進のための計画を作っていますから、これを再確認する意味から、予算編成方針で改めて示す意味があります。

また、行政評価を実施しているところでは、評価結果を反映するように指示します。

図表38　予算のシミュレーションサイクル

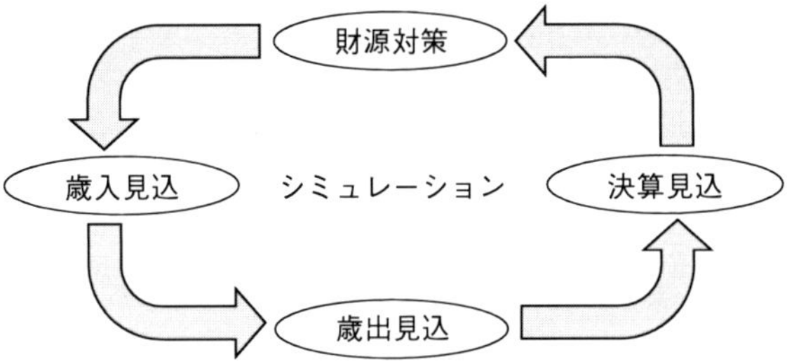

財源対策 → 決算見込 → 歳出見込 → 歳入見込 → 財源対策
（中央：シミュレーション）

図表39　予算編成方針の例

1　首長の重点施策	2　予算の概要
・基本的な政策の方向性	・社会経済情勢
・選挙公約	・国、地方財政の動向
・緊急課題	・財政見通し
・重点的に取り組む事項	・予算編成の基本方針
	・行政改革の推進
3　予算要求のルール	・特別会計
・シーリングの有無	
・経費別の見積方針	4　予算編成日程
・標準単価などの設定	

④**事務処理方針**

　予算編成の日程、予算要求の様式、各種単価の設定など、事務的なことを示します。

組織・定員管理方針

　課題解決に取り組むため、どんな事業をどのように展開するかという計画が「予算」ですが、同時に、「誰が」「どのような組織体制で」実施するかを明らかにする必要があります。定員管理を厳しく行い、組織の肥大化を防ぐという目的もあります。

　事業に従事する職員の数が予算と切り離されて議論されてしまうことがありますが、仕事をするのは「人」であり、「人」を動かすにも予算が必要であることを忘れてはいけません。反対に、組織体制や「人」の動かし方を変えることで、事務の効率化を図ることができます。

　組織・定員管理方針には概ね次のような内容を盛り込みます。

①庁内分権の推進
②民間委託や指定管理の導入など組織運営の効率化
③出先機関の見直し
④多様な人材の確保と活用
⑤職員の採用方針

人材育成方針

　複雑、高度化する行政課題に少数精鋭で的確に対応し、なおかつ、限られた予算で大きな成果を上げるには、職員の資質と能力の向上が不可欠です。自治体はそれぞれ、人材育成方針を策定していますが、予算編成を契機に改めてこれを示し、実行することを宣言します。

①各種研修を通じた基礎能力の開発
②専門研修の強化
③自己啓発の支援
④人事評価制度の運用

5-3 ◎…予算要求

▶▶ 要求なきところに査定なし

　事業課は予算編成方針に基づいて所管する事業の見積書を作成し、財政課へ提出（予算要求）します。枠配分やシーリング方式を採用する自治体では、歳出予算額や投入する一般財源について制約があります。

　従来の財政課による査定方式では、事業課とのヒアリングは初期の段階に限られています。したがって、事業課の職員にとっては、財政担当をどれだけ納得させられるかが予算獲得の鍵となります。特に、新規事業や臨時事業については、財政担当（財政課）との議論に耐えられる説明と資料が必要となります。

図表40　既定経費と政策経費両立のポイント

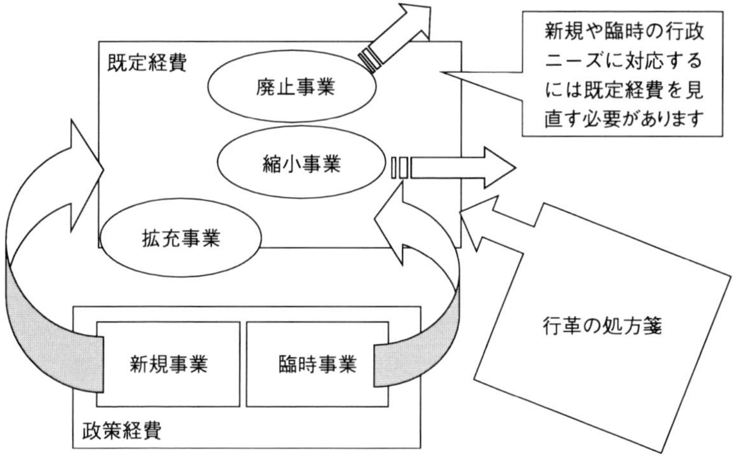

新規や臨時の行政ニーズに対応するには既定経費を見直す必要があります

既定経費：廃止事業、縮小事業、拡充事業
政策経費：新規事業、臨時事業

行革の処方箋

一方、財政担当である皆さんの立場は「要求なきところに査定なし」です。事業課の熱意が感じられないようでは、とても予算など付けられません。でも、それは同時に、「予算を付けると査定したからには、事業課に代わって、財政課の私が、唯一の予算編成権者である首長に掛け合いますよ」という決意の表れでもあるのです。財政課の職員が納得できないのに、首長が納得することはまずありません。

▶▶ 既定経費要求のポイント

　長く続いている事業ほど、議論が不足しがちです。原点に立ち返り、自分の目で確かめてみましょう。
　①事業の意義、目的、目標が現在の状況に合致しているか
　②廃止、縮小できない理由があるか
　③民間や他のセクターで実施できないか
　④事業実績（決算）とその効果
　⑤前年度から増減があればその理由
　⑥さらに効率的な事業執行はできないか

▶▶ 政策経費要求のポイント

　新しい事業では、これまでできなかった理由を考えてみましょう。
　①事業の意義、目的、目標を明確にする
　②重点施策、他の計画、関係施策との整合性を明らかにする
　③他の自治体で同様の事業があれば、その状況を説明する
　④民間や他のセクターでは実施できないことを明らかにする
　⑤事業費の積み上げを正確に算出する
　⑥職員の増、人件費、間接費の増加を明らかにする
　⑦次年度以降の財政負担を明らかにする
　⑧複数の実施方法と比較し、最善策であることを説明する
　⑨事業の見直し時期を明らかにする（サンセット方式）

▶▶ 廃止・縮小した事業のアピール

「要求ばかりで努力なし」では、要求はなかなか通りません。
「この事業を○○の理由で廃止しました」
「この事業のここを変えて経費節減を実現しました」
　こういう資料は、どの段階の査定でも交渉を有利に運ぶ材料になります。皆さんが事業課の担当職員なら、こうした資料をどんどん作りましょう。皆さんが財政担当なら、こうした資料を積極的に要求しましょう。

▶▶ 行政改革の処方箋

　かつては、既定経費を圧縮するため一律カットが横行した時代もありました。しかし、現在では自治体経営の理念に立った新しい手法が開発されています。行政評価、事業仕分けなど全庁的に取り組むシステムのほか、指定管理者や民間委託、PFI（民間の資金とノウハウを活用した公共事業）やPPP（官民によるパートナーシップ事業）の活用、市場化テストなど個別の事業に導入できるものもあります。行政コストと効果を意識した仕組みの導入が行政改革の処方箋です。
　①住民ニーズを捉えた施策の選択と集中
　②現場の発想を活かす
　③行政評価で目標・プロセスを明確にする
　④行政改革で小さな自治体を目指す
　⑤公会計制度改革でコスト意識を醸成する
　⑥新しい公共の担い手をつくる
　⑦元気な職員を育て、改革の原動力にする

5-4 ◎…予算査定

▶▶ 予算査定のチェックポイント

　事業課が提出した見積書に基づいて財政課が調査し、首長の査定を受けるまでの調整作業を予算査定といいます。予算査定は、財政担当、財政課長、財政担当の部長、そして首長査定というように段階的に実施されます。事業課に対するヒアリングは財政担当の段階で行われ、それ以降の査定は財政課内部で行われるのが普通です。

　査定に上下主従の関係はありません。査定は一定の情報・資料に基づき、事務事業の優先度を決める要求側と被要求側の共同作業です。

　概ね、次のような視点で査定を行います。

①その事業はそもそも自治体の仕事なのかどうか
②予算編成方針、マニフェスト、全体計画等に沿ったものかどうか
③住民、議会からの要望はどうか
④既存の事業が活用できないか、また、既存事業との均衡、調整はとれているか
⑤職員の増加を伴うものではないか
⑥将来の財政負担はどうなるのか
⑦国、県補助金など、特定財源の見通しはどうか
⑧受益者負担は適正か、収益事業なら採算性はどうか
⑨執行方法に無理、無駄はないか、もっと効率的にできないか

▶▶ 財政課では

　お父さんの給料が上がらないのに住宅ローンや子供の学費などが家計

を圧迫しています。このような状況は自治体も同じです。収入が減少すればどこかを削らざるを得ず、医療費のように高齢化とともに増加してしまうような経費があれば、その財源を生み出すために、さらにどこかを削らなくてはなりません。したがって、財政担当の仕事は、残念ながら「切り込む」ことです。

しかし、財政担当である皆さんがすべての仕事に精通しているわけではなく、行政評価制度も、それだけで事業を縮小、廃止できるほど精緻なものになっているとは限りません。

このようなことから、従来の査定方式では、政策や施策の緊急性、重要性よりも「切りやすいところから切る」ことになり、財政担当の「切る能力」が評価され、政策も施策も当たらない、そんな結果になっている可能性があります。

これは従来の査定方式の弱点です。現在でも多くの自治体が財政課主導の査定を行っていますが、こういう弱点のあることを知った上で、予算査定に臨んでほしいと思います。

▶▶ 事業課では

一方、施策の優先順位付けが財政課による査定に委ねられてしまう従来方式の中では、事業課の目標、目的は「与えられた予算を使うこと」になってしまいます。

お父さんや子供たちにお小遣いを与えると、与えただけ使ってしまうのと同じです。そこには、財政状況がどうの、という危機感やコスト意識は存在しません。頑張って予算を残しても笑うのは結局、財政課だからです。

事業課には事業課だけにしかわからない知恵があります。現場の問題は現場の知恵で解決するのが王道です。しかし、予算に限っていえば、財政担当の査定が、事業課の創意工夫、努力や意欲を削いでしまっている可能性があります。

現場の知恵をいかに吸い上げることができるか。それは、財政担当である皆さんの手腕にかかっているのです。

▶▶ 包括予算制度（予算の枠配分）

　そこで、財政課に集中していた予算編成（査定）権限の一部または全部を事業課に委譲する仕組みが「予算の枠配分」です。事業課に一定額の予算枠を与え、事業課は自らの執行する予算を自らの手で編成します。事前の査定より事後の評価を重視することから、事業課の力量が問われる手法です。

　この予算の枠配分のうち、事業課の権限が幅広く自律性の高いもの、首長の下、財政課と事業課が対等の立場で予算編成を行うことのできるシステムを「包括予算制度」と呼んでいます。

　包括予算制度の特徴は大胆な権限移譲です。小手先の権限委譲では事業部門の意識改革につながらず、かえって非効率です。例えば、人件費を枠内にすれば、事業課の経験と知恵でアウトソーシング（民間委託）をより早く進めることができます。権限移譲の大きさは、財政課だけではなく組織全体の能力の高さ（あるいは、その目標）に比例します。

　包括予算制度では、歳出予算の上限枠を決めるのではなく、一般財源を事業部単位に割り振ります。事業部は、その一般財源に使用料・手数料、国庫補助金などの特定財源を上乗せして予算を編成します。したがって、事業部は歳入を確保するよう、意識して仕事をするようになります。

　枠配分方式の特徴の1つにインセンティブがあります。インセンティブとは、売上げ目標を達成した際に従業員に支給する報奨金のようなものです。予算や事業を執行した結果、残した財源の全部または一部を、当該事業部門が翌年度以降の予算に計上し使えるようにします。事業部の意欲を増進するほか、「使い切り予算」の悪習を断つというねらいがあります。

　包括予算制度におけるインセンティブの対象は、歳出予算の不用額ではなく、収支の結果です。これにより、コスト意識が徹底され、事業部の知恵と工夫でスクラップ＆ビルドが進みます。

　包括予算制度の導入によって、住民の声を政策や予算執行に活かすという「行政評価」が機能するようになりました。行政評価が予算を切る

ための道具になるのではないか、という事業部の不安を払拭することができたからです。包括予算制度では、事前の査定ではなく、事後の評価が重視され、顧客である住民の評価、満足度が自治体を動かす原動力になるのです。

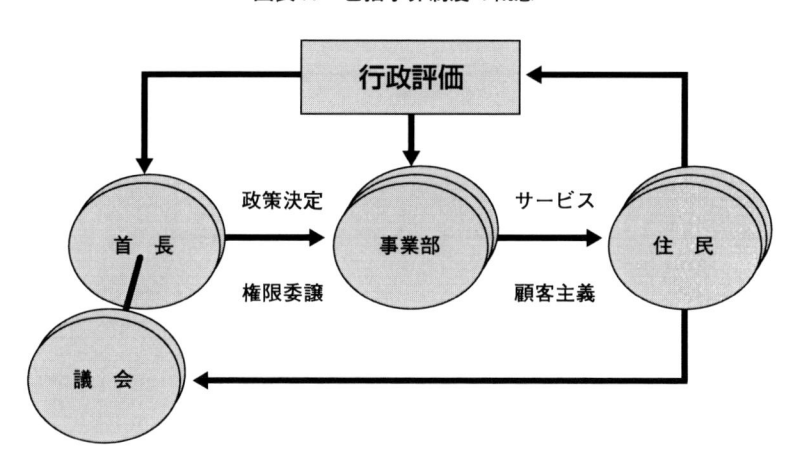

図表41　包括予算制度の概念

```
                    ┌─────────→ 行政評価 ←─────────┐
                    │               │               │
                    │               ↓               │
                    │   政策決定         サービス    │
                 ┌─────┐  ────→  ┌─────┐  ────→  ┌─────┐
                 │首 長│         │事業部│         │住 民│
                 └─────┘         └─────┘         └─────┘
                    │   権限委譲         顧客主義
                    │
                 ┌─────┐
                 │議 会│ ←────────────────────────┘
                 └─────┘
```

▶▶ 現場の活性化のために

　従来の予算査定では、予算を要求する事業課と、予算を切り込む財政担当は常に対立構造にありました。しかし、事業課がそれぞれの組織と仕事に対して、責任を持ってマネジメントし、成果を上げられるようにするには、事業課が相応の権限と責任を持つ必要があります。予算編成はその中心的な権限です。

　こういう話になると、財政課から「事業課に任せたら大変なことになる」という声が上がりそうです。しかし、大変なのは財政課でも事業課でも同じです。両者の知恵と工夫で難局を乗り越えねばなりません。財政担当には「切り込む」以外にやることがたくさんあるはずです。

　一方、事業課からは「財政課が予算を切った、と言えなくなる」という声が上がります。事業を廃止、縮小せざるを得ないとき、住民への説

明責任を財政担当に負わせて、それでいいのでしょうか。廃止、縮小に至った考え方や、経緯、その後の対応など、住民と直接関わってきた事業課でなければ説明できないことが山ほどあるはずです。住民への説明責任が必要なのは、新しい事業に取り組むときばかりではありません。廃止、縮小するときのほうがその何倍も力が必要なのです。このようなときこそ、事業課の知恵と工夫が存分に活かされなければなりません。そして、財政担当である皆さんは、頑張る事業課を積極的に支援しましょう。

▶▶▶ 地方財政計画との整合性

　こうして予算編成も佳境に入ったころ、国の予算案（12月下旬ごろ）や地方財政計画（1月下旬ごろ）が発表されます。自治体予算に大きな影響を与える地方交付税や公共事業費、それに伴う起債の発行額などの見通しについては、できるだけ反映させなければなりません。発表されるタイミングによっては見切り発車することもありますが、遅れた場合に備えて、予算案や地方財政計画の内容などが「内かん」される、つまり、国から「ここだけの話ですが、こうなる見込みです」という情報が流されることがあります。

　財政課ではこうした情報をもとに、最終的な予算案を確定し、議会に提案します。

▶▶▶ 教育予算

　教育委員会は、教育の政治的中立性と安定性を確保するために、首長から独立して設置された機関です。しかし、教育委員会には独自の予算調製権はなく、首長は予算を調整する際、歳入歳出予算のうち教育に関する事務に係る部分について、教育委員会の意見を聞くことになっています。

5 ◎…予算内示

▶▶ 予算の内示と復活要求

　首長査定の結果は財政課を通じて各事業課へ通知されます。これを予算内示といいます。内示は予算を決める前に致命的なミスがないか確認するための行為ですが、自治体によっては修正（復活要求）を認めることがあります。その場合は再査定という手順を踏んで予算が完成しますが、財政課は復活のための財源を用意しなければなりません。

▶▶ 予算の報道対応

　当初予算の発表は1月から2月の一時期に集中します。予算の発表は、報道機関に自治体の仕事をPRする最大のチャンスですから、これを逃してはなりません。
・特徴ある事業
・特徴ある行政（行政改革）手法
・気になる公共施設、イベント
・他自治体にない考え方、試み
　こうしたものをニュースリリースとしてまとめた上で、報道機関との間の窓口を一本化する、質問に対応する幹部職員を配置しておく等の対策を講じるべきです。

5-6 ◎…予算審議

▶▶ 予算の提出権（提案権）

　予算は議会に提出され審議されます。当初予算は遅くとも年度開始前、都道府県及び指定都市にあっては30日前、その他の市及び町村にあっては20日前までに議会に提出しなければなりません（自治法211条1項）。

　予算の提出権・提案権は、首長に専属のものであって、議員には予算の提出権はありません（自治法112条ただし書）。これは内閣と国会の関係と同じで、国の予算の提出権は内閣に専属します（憲法73条5号、同86条）。

　なお、地方公営企業の予算について、首長は地上公営企業の管理者が作成した原案に基づいて予算を調整し、年度開始前に議決を経なければなりません（地公企法24条2項）。

▶▶ 予算審議と議決

　予算が首長から提出されると、議長はこれを本会議に上程し審議を開始します。補正予算等も含め、予算は常任委員会へ付託され、審議の後、本会議で採決されるのが普通ですが、当初予算を集中して効率的に審議するために、特別委員会を設けることがあります。

　予算の議決には首長の提出した原案どおりに決定する「原案可決」のほか、原案を否定する「否決」と、原案に修正を加える「修正議決」とがあります。

議会による予算の修正

　議会は予算案を審議し、可決または否決しますが、必要に応じ修正する権限を持っています。

　まず、減額修正については、議会は自由に修正することができます（行政実例昭和30年4月11日自丁行発第64号）。ただし、減額修正の対象となるのは首長により提出された予算案です。例えば、補正予算案の減額修正については、補正の対象とされていない部分については修正することはできません。

　また、いわゆる義務費については減額することは妥当ではないとされています（行政実例昭和27年2月19日地自行発第57号）。このことは、次の「首長の再議請求権」の項で整理します。

　次に、増額修正については、自治法97条2項で「議会は、予算について、増額してこれを議決することを妨げない。但し、普通地方公共団体の長の予算の提出の権限を侵すことはできない。」とされています。増額修正には予算全体の増額ばかりでなく、各款項を増額する場合も含まれ、その内容も歳入歳出予算だけでなく、継続費、繰越明許費、債務負担行為、地方債、一時借入金、歳出予算の各項の経費の金額の流用に関する定め、つまり予算の7つの事項、すべてが含まれます。

　「長の予算発案権を侵す」とは、首長が提出した予算の趣旨を損なうような増額修正をすることは、長の発案権の侵害になると解され、これに該当するか否かについては、当該増額修正をしようとする内容、規模、当該予算全体との関連、当該自治体の行財政運営における影響度等を総合的に勘案して、個々の具体の事案に即して判断することとされています（行政実例昭和52年10月3日自治行第59号）。

首長の再議請求権（拒否権）

　首長は議会の予算に関する議決について異議がある場合、法令に違反する場合には、再度議会の審議に付すことができます。これを「予算の再議」といいます。ここで、首長の議会の議決に対する再議請求権（拒

否権）を整理しておきましょう。

　①（予算の議決に限らず）議会の議決が議会の権限を超え、または法令等に違反する場合は、首長はこれを再議に付さなければなりません（自治法176条4項、義務的再議）。それでもなお同じ議決がなされた場合、都道府県知事は総務大臣に、市町村長は都道府県知事に審査請求の申し立てをし（同条5項）、それでも不服のあるときは裁判所に出訴することができます（同条7項）。法令の解釈が必要だからです。

　②義務費について削除、減額された場合も、再議に付さなければなりません（自治法177条1項1号、義務的再議）。それでもなお同じ議決がなされた場合、議決は確定しますが、首長は削除、減額された義務費と収入を予算に計上して執行することができます（同条2項、首長の原案執行権）。法令により負担する経費、債務の確定している経費を速やかに執行する必要があるからです。

　③災害復旧や感染症予防のために必要な経費が削除、減額された場合も再議に付さなければなりません（自治法177条1項2号、義務的再議）。それでもなお同じ議決がなされた場合、議決は確定しますが、首長はこれを「首長の不信任の議決」とみなし（自治法177条3項）、10日以内に議会を解散することができます（自治法178条1項）。緊急、重大な予算を執行することができない以上、首長と議会との関係を修復するには、住民にその信を問うしかないからです。

　④（予算の議決に限らず）上記以外で、議会の議決について異議があるとき、首長は議決の送付を受けた日から10日以内に、理由を付して再議に付すことができます（自治法176条1項、任意的再議）。再議の結果、条例の制定、改廃、予算に関するものは出席議員の3分の2以上、それ以外は過半数の同意で同じ議決がなされた場合、議決は確定します（自治法176条2項、3項）。①〜③の義務的再議と違って、再議に付すかどうかは首長の裁量に任されており、再議の理由についても制約はありませんが、否決された予算については再議の対象にならないと解されています（行政実例昭和26年10月12日地自行発第319号）。これは、任意的再議の対象となる議決が、対外的に効力が発生するものに限られ、否決された予算は対外的に何ら効力を有しないと考えられているからです。

▶▶ 予算の専決処分

　議会の議決（決定）すべき事項を首長が代わってする処分には、議会の権限に属する軽易な事項のうち、議会があらかじめ指定したものを首長が処分するもの（自治法180条）と、議会の同意なく行われるもの（自治法179条）の2通りがあります。もちろん、予算の議決は後者であり、次の4つの場合に専決処分が可能です。
　①議会が成立しないとき。つまり、在任議員の総数が議員定数の半数に満たない場合です。
　②自治法113条ただし書の場合において、なお会議を開くことができないとき。つまり、出席議員が議長のほか2人に満たない場合です。
　③首長において議会の議決すべき事件について特に緊急を要するため議会を招集する時間的余裕がないことが明らかであると認めるとき。2006年の自治法改正前は「議会を招集する暇がないと認めるとき」でした。
　④議会において議決すべき事件を議決しないとき。これには議会が意図的に議決を行わない場合と、自然災害等外部事情により議決を行えない場合とがあります。
　このように、④の中で、議会が意図的に議決を行わない場合を除けば、専決処分するためには客観的事実が必要です。首長だからといってむやみに専決処分ができるわけではありません。
　さて、自治法179条の専決処分を行った場合、首長は次の議会の会議に報告し、承認を求めなければなりませんが、仮に議会の承認が得られなくても、専決処分の効力は失われません。ただし、条例の制定もしくは改廃、予算に関する処置について承認を求める議案が否決されたときは、首長は速やかに当該処置に関して必要と認める措置を講ずるとともに、その旨を議会に報告しなければなりません。これは、専決処分を繰り返した某市（九州地方）の教訓によって付け加えられたものです。
　なお、自治法180条の専決処分を行った場合は、首長は議会への報告義務を負いますが、承認を求める必要はありません。あらかじめ議会の同意を得ているからです。

5│7 ◎…予算の執行管理

▶▶ 予算執行方針

　予算に予算編成方針があるように、予算の執行にも予算執行方針があり、年度当初、事業課に通達されます。

　基本的には地財法４条１項の「地方公共団体の経費は、その目的を達成するための必要且つ最少の限度をこえて、これを支出してはならない」と、同条２項の「地方公共団体の収入は、適実且つ厳正に、これを確保しなければならない」を徹底するものです。

　予算計上事業であっても、執行段階で再度精査することがあること、契約差金の流用の禁止、予算編成後に発表された国や都道府県の事業への対応など、留意事項を周知することがあります。

　また、歳出予算では、予算計上しながら執行が遅れ、年度末に繰越明許にしたり、補正予算で皆減することのないよう計画的な執行を促し、歳入予算では、特定財源（補助金）を安易に一般財源に振り替えることのないよう、国や都道府県の動向に注意を払うこと、自主財源である税等のさらなる収納率の向上と、滞納繰越分の取組みの強化などが盛り込まれます。

　しかし、一番重要なのは、予算編成時と大きな見込み違いがあったときは遅滞なく財政課に協議することを徹底することです。財政担当である皆さんに情報が入らなければ、タイムリーに次の手を打つことができないからです。

予算の執行管理

　首長は政令に定める基準に従って予算の執行に関する手続きを定め、これに従って予算を執行しなければなりません。執行の手続きは各自治体の予算事務規則などで定められていますが、多くの場合、事業課による予算の執行が適正に行われるよう、財政課、会計管理者などの関与が規定されています。

①予算の配当・配付

　財政課が財源や資金繰りなどを勘案し、予算執行の限度額を示すことを予算の配当といい、事業課は配当を受けて初めて予算を使うことができます。年度当初に全額を配当するのではなく、半年ごと、四半期ごとに配当することもあり、状況に応じ、配当を保留することもあります。

　出先機関に予算を執行させる必要のあるときは、配当された予算額を限度に予算を配付します。

　財政課は配当、配付したことを会計管理者に通知します。予算の執行を支払い段階でもチェックできるようにするためです。

②予算の執行委任

　事業によっては他の事業課に予算の執行を委任したほうが合理的、効率的な場合があります。保育所の建設は福祉部の仕事であり、福祉部に予算を計上しますが、執行段階では実際に建築を担当する施設部に執行委任するというような例です。

③予算の流用

　予算で定めた項間流用、執行科目である各目、各節間の相互の流用が可能です。

④予備費の充当

　予備費は、年度途中で予算が必要となったが、補正予算を編成する時間の余裕がなく、避けられない支出、予算外の支出、予算超過の支出に充てられます。しかし、議会の否決した経費に充てることはできません。

　一般会計には必ず予備費を計上しなくてはなりません。

　予備費は、財務課が一括管理し、事業課の請求に応じ充当します。

⑤予算科目の新設

　歳入予算は収入の見積りに過ぎないので、首長は必要に応じて科目を新設することが可能です。歳出予算は「款」・「項」は議決科目であるため、これを新設する場合は予算の補正が必要です。「目」・「節」は執行科目なので首長限りで新設することができます。

⑥支出負担行為

　支出の原因となる契約、決定などを支出負担行為といいます。事業課は予算の（配当の）範囲内で支出負担行為を行い、これに基づいて会計管理者に支出命令を行います。会計管理者は、その支出負担行為が法令や予算に反していないこと、債務が確定していることを確認しなければ、支出することができません。

⑦歳入調定

　収入の原因を確定させる行為を歳入調定といいます。納めなければならない人、納める理由、納める金額、納入期限等を確定し、納入の通知を発します。

　調定した歳入が年度内に納入されない場合は、収入未済額として翌年度に繰り越します。時効の完成や権利の放棄などで徴収権が消滅したものについては、これを繰り越さず、不納欠損処分することができます。

　不納欠損処分は将来にわたって納入される見込みのない債権を整理するものであり、厳格な取扱いが要求されます。しかし、地方自治法には不納欠損に係る手続きの定めはなく、地方税等、特別の定めのあるものを除き、各自治体の財務規則等で処理されています。

5-8 中期財政計画

▶▶ 中期財政計画策定の目的

家計にも将来設計と資金計画があるように、自治体にも名称はまちまちですが、基本構想、基本計画、総合計画、実施計画といったものがあります。それらを確実に遂行するには、その財政的裏付けとなる財政計画が必要です。これを、短期の資金計画である「予算」に対して、「中期財政計画」と呼んでいます。中期財政計画の目的は3つあります。

①中期的な財政見通しに立った健全な財政運営
②実施計画等の着実な推進と見直し（修正）
③毎年度の予算編成での活用

計画期間は3年から5年、長くても10年です。計画期間ごとに改定する自治体もあれば、毎年、見直しを行っている自治体もあります。

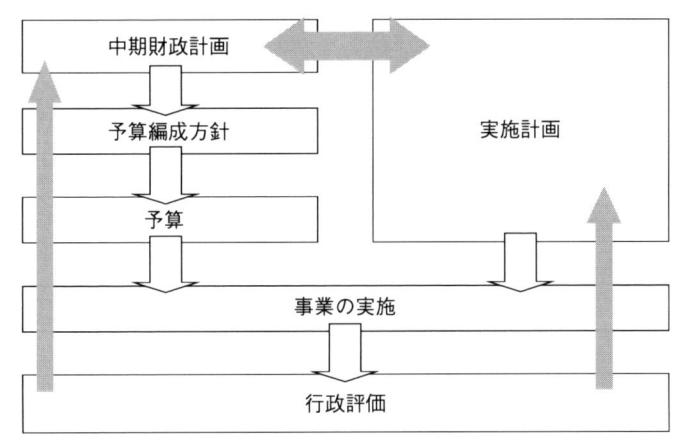

図表42　中期財政計画の位置付け

```
中期財政計画 ⇔
    ↓
予算編成方針          実施計画
    ↓
  予算
    ↓
         事業の実施
              ↓
           行政評価
```

▶▶ 中長期の財政推計

　中期財政計画の基本は財政推計にあります。単年度の予算編成では前年度、前々年度の実績を確認し、目の前にある課題を整理することによって、次年度の歳入、歳出を比較的容易に見通すことができました。しかし、計画期間が長くなる中期財政計画では、それだけでは不十分です。

　自治体の財政状況を左右する主要な指標に、人口構造の変化、経済動向、増加する医療費、インフラ更新の4つがあります。

　総人口が減少すれば自治体の経費は全体的に小さくなりそうですが、問題なのは人口構造の変化です。高齢者人口が増加すれば福祉や医療の経費は増加し、それを賄う税収は生産年齢人口の減少によって減ります。もちろん、この税収は生産年齢人口だけでなく経済動向に大きく左右されます。経済状況が悪化すれば税収は減少し、生活保護などの福祉需要が増加します。また、高齢者人口の増加は医療費を増加させますが、若年層における生活習慣病の拡大が医療費の増加に拍車をかけています。さらに、成長期に整備した公共施設、道路、橋梁などのインフラは長寿命化措置を講じたとしても、廃止しない限り確実に更新時期がやってきます。

　一方、福祉、医療、インフラ更新など需要の増加は、市場と雇用の拡大につながり、経済効果を生む可能性があります。

　これらは一例ですが、こうした歳入、歳出にかかる指標をもとに中長期的な財政推計を行います。中には将来予測の難しい指標もありますが、そういったときは、人口推計の高位、中位、低位のように、複数のモデルをつくってシミュレーションすることもできます。

▶▶ 財政目標を立てる

　中期財政計画は単なる財政推計ではありません。推計の結果、どこに課題があるのかを整理し、現在の実施計画等を見直す必要があるのか、ないのかを判断し、財政目標を立て、今後の予算編成でどのような対策

を講ずればよいのかという方針を明らかにするものです。

①**推計結果**

　直ちに危険な状況に陥る可能性があれば、緊急対策が必要です。躊躇して時期を失すれば、赤字はどんどん膨らんでしまいます。財政問題ですから、推計結果をグラフや数字で表すことでリアリティが出ます。

②**課題**

　低成長時代に入って、景気の大きな拡大は見込めないこと、生産年齢人口の減少による税収減、合併自治体における公債費の負担増や普通交付税の特例期間の終了に伴う減額、老朽化したインフラの維持補修経費の増など、皆さんの自治体の持っている懸念材料をすべて出し尽くします。

③**目標**

　その上で、「計画的な歳出削減を行う」というような抽象的な表現ではなく、「○○年度までに○○億円の歳出削減する」「○○事業のために、○○年度までに○○億円を積み立てる」というように、具体的な時期と金額を挙げて目標にします。

　そうでないと予算編成に活かすことができないからです。

　「職員一人ひとりの意識改革」これでは目標になりません。財政課長時代に「ちりも積もれば山となる」、通称「ちり山」作戦を敢行したことがありましたが、動機付けがないと意識は変わりません。そこで、「決算ベースで経常経費の１％節減」というように目標を明確にしました。

　健全化判断比率に着目した、「地方債の借入額を償還額以下に抑制する」や、「財政調整基金の残高を○○億円にする（標準財政規模の10％とする）」というものも目標になります。

　こうした目標を達成することで、将来にわたって持続可能な自治体となることを、住民や議会、職員に知らせることが中期財政計画の重要な役割なのです。

COLUMN・⑤
足立区の包括予算制度

　2003年4月、経済財政諮問会議の竹中経済政策・金融担当大臣、本間大阪大学教授（いずれも当時）が足立区を訪れました。足立区の「包括予算制度」を同会議が推進する予算制度の改革の参考にするためです。

　「包括予算制度」は、足立区が2002年に策定した構造改革戦略のうち「財政の構造改革」の一環として導入されました。予算の査定や執行などの権限を庁内10（当時）の「部」に大幅に委譲し、「部」を部長を中心とした自律的組織へと転換させ、「部」の創意工夫による区民サービスの更なる向上を目指したものです。

　それまでも「予算の枠配分」という制度は、いくつかの自治体で取り組まれていました。しかし、そのほとんどが経常経費の一部の執行権限を移譲するもので、庁内分権とはいえないものでした。

　足立区の包括予算制度の特徴は、投資的経費、公債費に充当する財源を除く一般財源の約8割（当時）を配分したこと、人件費も例外ではないこと、インセンティブは収支の結果であること、行政評価をフィードバック回路としたことなどです。

　「足立区にできて、どうして政府にできないのか？」

　「歳入と歳出が乖離したとき、政府には赤字国債の発行という最終手段があります。しかし、自治体は赤字債を出すことも、税を増やすこともできません。一方、自治体の歳出は住民サービスに直結していて、法律の規定により裁量の余地のないものも多く、むやみに削減することはできません。この切羽詰った危機感が現場に知恵を求める『包括予算制度』につながりました。足立区と政府に違いがあるとすれば、この危機感とリーダーシップの差でしょう」

　財政を司る部門と現場が危機感を共有するための仕組み、それが「包括予算制度」です。今ならそう応じていたに違いありません。

　竹中大臣の足立区訪問はメディアにも大きく取り上げられましたが、翌月、塩川財務大臣（当時）が足立区内の小学校を訪れ、民間委託した給食調理の現場を視察したことはあまり知られていません。予算制度の改革をめぐる経済財政諮問会議と財務省との軋轢を知るエピソードです。

第6章 起債管理

6-1 ◎…地方債とは

▶▶ 地方債を発行できるのは

　地方債を発行できるのは、自治体（都道府県及び市区町村）のほか、一部事務組合、広域連合等です。地方債を起こす（発行する）ことを「起債」と呼ぶことがあります。

▶▶ 地方債の対象となる経費

　お金がないからといって、いつでも借金できるわけではありません。地財法5条で、「地方公共団体の歳出は、地方債以外の歳入をもって、その財源としなければならない」とされており、ただし書きで地方債の対象とすることができる経費が列挙されています。これらの経費で行われる事業を「適債事業」、発行される地方債を「五条債」と呼びます。
　①公営企業に要する経費
　②出資金及び貸付金に要する経費
　③地方債の借換えのために要する経費
　④災害応急事業費、災害復旧事業費及び災害救助事業費
　⑤公共施設等の建設事業費等
　どの事業経費が地方債の対象となるのかを明確にするため、国は毎年度、「地方債同意等基準・運用要綱」を発し、適債事業の範囲を細かく設定しています。
　さらに、地財法5条各号の規定以外の特例措置として地方債の対象とすることができる場合があり、次のようなものがあります。
　①地財法33条の5の5の規定に基づく退職手当債

②地財法33条の5の2の規定に基づく臨時財政対策債
③地財法33条の6の規定に基づく鉱害復旧事業債
④辺地に係る公共施設の総合整備のための財産上の特別措置等に関する法律に基づく辺地対策事業債
⑤過疎地域自立促進特別措置法に基づく過疎対策事業債
⑥市町村の合併の特例等に関する法律に基づく合併特例債
⑦災害対策基本法に基づく歳入欠かん等債
⑧公害の防止に関する事業に係る国の財政上の特別措置に関する法律に基づく公害防止のための事業債
⑨防災のための集団移転促進事業に係る国の財政上の特別措置等に関する法律に基づく防災集団移転促進のための事業債
⑩被災者生活再建支援法に基づく支援業務を運営するための基金への拠出のための事業債
⑪地方公共団体の財政の健全化に関する法律に基づく再生振替特例債

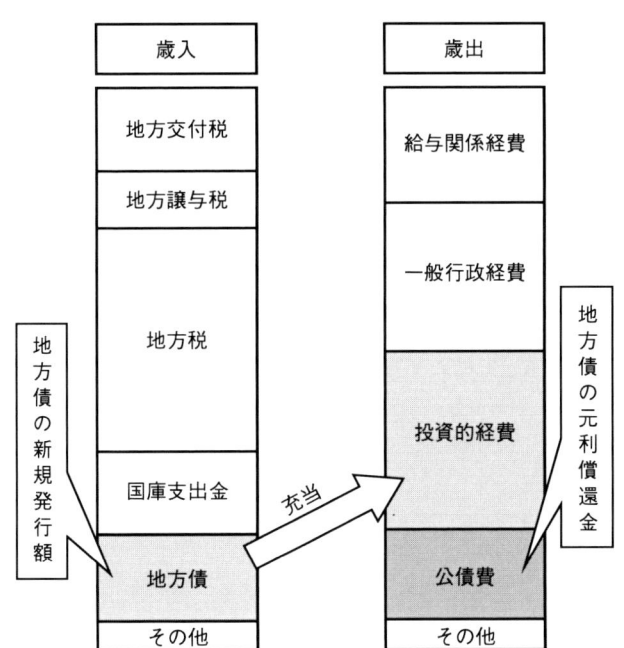

図表43　歳入歳出予算における地方債の位置付け

▶▶ 地方債の機能

第4章で、地方債は家庭でいえば住宅ローンと同じようなものと説明しましたが、地方債の発行には、主に次のような機能があります。

①世代間の負担の公平を図る

公共施設の建設などの財源を地方債で賄うことによって、後世の住民が地方債の元利償還という形で建設費を負担することができます。したがって、地方債の償還期限は、これを財源として建設した施設の耐用年数を超えることはできません。

親子二世代ローンと同じですね。

②財政負担の平準化を図る

公共施設の建設や災害復旧事業など、一時に多額の財源を必要とする場合、地方債の発行によって財政負担を10年（10分の1）、20年（20分の1）というように長期に分割、平準化することができ、計画的な財政運営が可能になります。

③一般財源を補完する

単年度でみれば、地方債の発行によって財源不足を補うことができます。もちろん、地方債の発行には必ず根拠、理由があります。しかし、与信限度額（発行可能額）いっぱいまで借りる必要があるのか、将来負担を考えて決めなければなりません。

④経済対策の原資となる

以前は、経済対策は国が行うものだと考えられてきました。しかし、現在は国の経済対策（公共投資）の多くが自治体を通じて行われており、その財源となる地方債の発行は経済対策において重要な機能を果たしています。

これは、不況の際には国債や地方債を発行して公共事業を行い、失業者を減らし、経済全体の需要を増やすという、裁量的経済政策（フィスカル・ポリシー）によるものです。

しかし、問題はどこに、どう投資するかです。穴を掘って、それを埋めるだけでは経済対策とはいえません。必要のないものにお金を投じても借金が残るだけです。必要なものに投資して、かつ、使われてはじめ

て経済は動き出すのです。経済対策によって将来にわたる新たな価値を生み出さなくてはなりません。

▶▶ 地方債残高

2013年度末の地方財政（全自治体）の借入金残高は201兆円です。

内訳は、地方債約146兆円、公営企業債（普通会計負担分）約22兆円、交付税特別会計借入金約33兆円となっています。このほかに、公営企業債（企業会計負担分）の残高26兆円があります。

平成に入ってから地方債残高は約3倍に増えました。

問題なのは、約201兆円のうち、赤字の穴埋めに使った借金が、臨時財政対策債約45兆円と交付税特別会計借入金約33兆円の合計で約78兆円に上ることです。しかも、毎年5兆円前後で増え続けています。地方財政の借入金残高は200兆円前後で高止まりしていることから、公共事業など投資的経費が抑制されていることが読み取れます。

図表44　地方財政の借入金残高

■臨時財政対策債　■他の地方債　□公営企業債　□交付税特会借入金

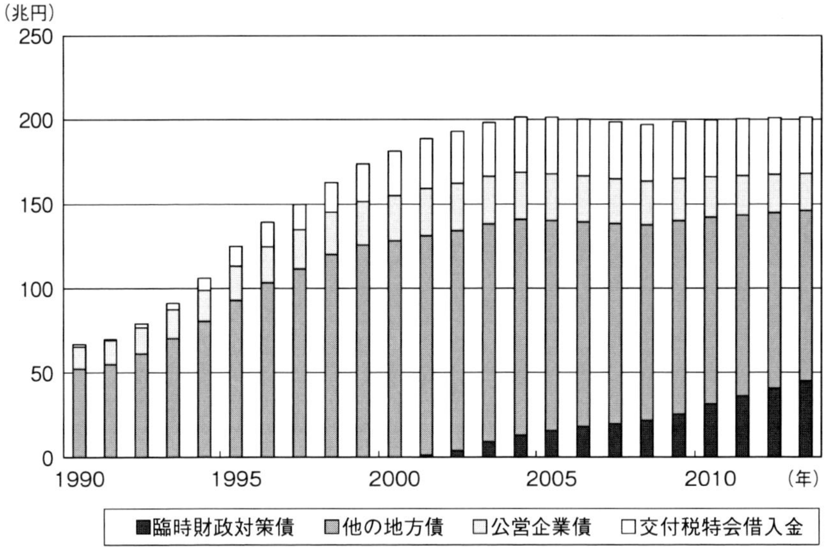

6|2 ◎…地方債の協議と許可

▶▶ 地方債計画と地方財政計画

　地方債計画は地財法5条の3第11項の規定により、総務省が財務省と協議して策定するもので、国の予算と併行して策定される地方財政計画、財政投融資計画と密接な関係があり、地方財政の重要な役割を果たしています。

図表45　地方債計画と地方財政計画・財政投融資計画との関係

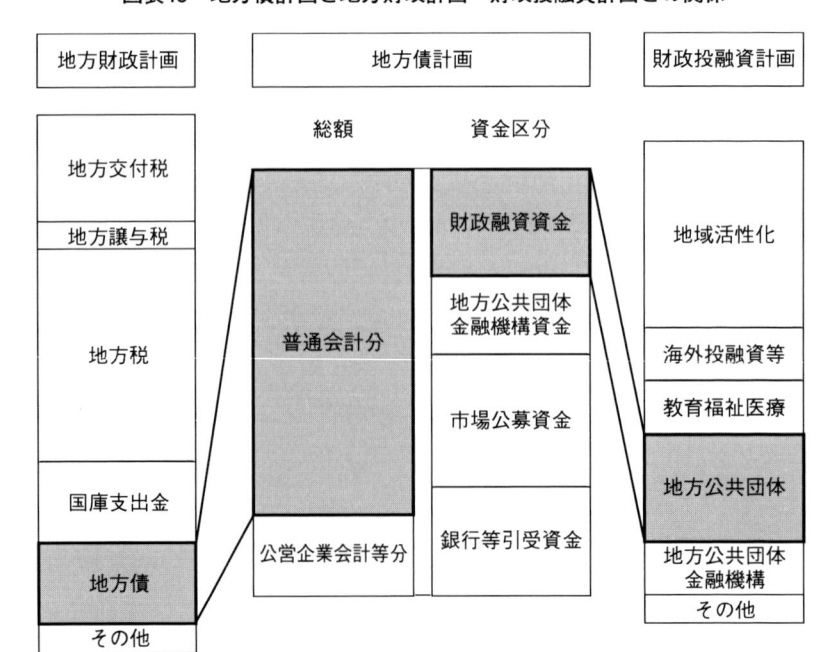

地方財政計画	地方債計画		財政投融資計画
	総額	資金区分	
地方交付税		財政融資資金	地域活性化
地方譲与税			
地方税	普通会計分	地方公共団体金融機構資金	海外投融資等
			教育福祉医療
		市場公募資金	地方公共団体
国庫支出金			
地方債		銀行等引受資金	地方公共団体金融機構
その他	公営企業会計等分		その他

地方債計画のうち、普通会計分に属する地方債計画額については、地方財政計画の歳入額と一致します。つまり、地方債計画は、国が地方債の同意・許可を行う運用上の量的基準になっているのです。そのため、事業区分ごとに地方債充当率が定められ、地方債同意等基準と併せて発表されます。

一方、地方債計画によって、地方債計画の裏付けとなる地方債資金が確保されます。このうち、公的資金である財政投融資資金及び地方公共団体金融機構資金については、地方債計画額に計上された資金が用意されることから、この額を上回って同意・許可されることはありません。

財政投融資とは、財投債（国債）の発行などにより調達した資金を財源とした国の投融資活動です。租税を財源とした一般会計とともに、資金の循環を通じて、社会経済問題の解決、雇用の創出などの財政機能を果たしています。

かつて年金や郵貯を財源としていたころと比べ、総額も約15兆円（2015年度）と小さくなったとはいえ、自治体の行う災害復旧事業など国の政策と密接な関係のある分野を中心に活用されています。

▶▶ 許可制から協議制へ

地方債は将来に債務（借金）を残すため、起債にあたっては、財政運営に及ぼす影響を慎重に考慮しなければなりません。

そのため、予算の一項目として議会の議決が必要です。予算では、地方債の起債の目的、限度額、起債の方法、利率及び償還の方法についても定めることとなっています。

自治体が地方債を発行するとき、都道府県及び指定都市にあっては総務大臣、市町村にあっては都道府県知事との協議が必要です。

地方債の発行については、2006年の地方分権一括法の施行に伴い、自治体の自主性をより高める観点から、それまでの許可制から原則、協議制へ移行しました。

しかし、財政状況の悪化している自治体が地方債を発行するときは、現在でも許可が必要です。

総務大臣、都道府県知事（以下、総務大臣等）との協議の結果、同意のある場合には、元利償還金が地方財政計画の歳出に算入されるとともに、公的資金の借入れが可能となります。同意がない場合はこうした措置がとられないため、議会に報告することが発行の要件になっています。

　さらに、2012年度からは事前届出制が導入されました。これは、財政状況が一定の要件を満たしている自治体については、民間資金債の発行に限って協議を不要とし、その代わり、事前に届け出ることで地方債が発行できるようにしたのです。届出をした地方債のうち、協議を受けたならば同意すると認められるものについては、同意のある地方債と同様の措置がとられます。

図表46　財政状況と地方債発行手続きの概要

事前届出制

届出制によって、地方債発行までの期間が短縮され、市場の環境に合わせて、より有利な条件で地方債を発行できるようになりました。

以下の要件を満たす自治体が、民間資金を調達する場合に、届出制が適用されます。

①実質公債費比率が16％未満
②実質赤字比率がゼロ
③連結実質赤字比率がゼロ
④将来負担比率が、都道府県と指定都市にあっては300％以下、市区町村にあっては200％以下
⑤地方債のうち協議等をしたものの合計額が、標準財政規模及び公営企業の事業規模の合計額の当該年度前3年度平均の25％以下

また、公営企業においては、資金不足額ゼロという要件が加わります。

2014年度現在、9割を超す自治体が、この要件を満たしていますが、実際に届出を実施している自治体は2割弱で、民間資金を積極的に活用できる環境にある自治体に限られています。

なお、たびたび登場する財政指標、健全化判断比率については、第7章で詳しく説明します。

許可の必要な自治体

地財法5条の4により、実質収支の赤字額や実質公債費比率等が一定水準以上の自治体、赤字額が一定水準以上の公営企業等が起債する場合は、総務大臣等の許可が必要な「許可団体」となります。

この場合、財政健全化または公債費負担適正化への取組みを行うなど、一定の要件を満たすことを条件として、総務大臣等に起債許可を求めることになります。

また、地方債に関して著しく不適切な行為を行った場合でも協議団体から許可団体にへ移行することがあるので、注意が必要です。

①実質赤字比率による許可団体

　実質赤字比率が財政規模に応じ2.5％〜10％以上の団体は、総務大臣等の許可が必要になります。この場合、実質赤字解消計画を策定し、計画の内容及び実施状況等に応じて、地方債の発行が許可されることになります。

　なお、財政健全化団体（実質赤字比率が財政規模に応じ11.25％〜15％）は財政健全化計画を策定し、計画の内容及び実施状況等に応じて、地方債の発行が許可されます。

②実質公債費比率による許可団体

　実質公債費比率が18％以上の団体は、総務大臣等の許可が必要になります。この場合、公債費負担適正化計画を策定し、計画の内容及び実施状況等に応じて、地方債の発行が許可されることになります。

　なお、財政健全化団体（実質公債費比率が25％以上）は、財政健全化計画を策定し、計画の内容及び実施状況等に応じて、地方債の発行が許可されます。

③不適正行為による許可団体

　元利償還金の支払いを遅延した団体、協議をせず又は許可を受けずに起債を行った団体、虚偽記載等不正を行った団体のうち総務大臣が指定したものについては、その改善状況及び再発防止策の状況をふまえ、地方債の発行が許可されます。

④標準税率未満による許可団体

　普通税の税率が標準税率未満の団体については、後世の負担だけが重くなることのないよう、世代間の負担の公平への影響や地方税収の確保の状況に応じて、地方債の発行が許可されます。

⑤資金不足等による許可団体

　資金不足比率が10％以上の公営企業については、資金不足等解消計画を策定し、当該計画の内容及び実施状況に応じて、地方債の発行が許可されます。

　ただし、当該資金不足比率が10％未満の場合でも、赤字事業については、事業開始後一定期間内において収支相償することが確認できる場合に限って、地方債を発行することができます。

なお、経営健全化団体（資金不足比率が20％以上）については、経営健全化計画を策定し、計画の内容及び実施状況等に応じて、地方債の発行が許可されます。

⑥**財政再生団体等**

財政再生団体及び財政再生計画を定めていない団体であって、財政指標が財政再生基準以上である団体（以下、財政再生団体等）は地方債を起こし、または起債の方法、利率若しくは償還の方法を変更しようとする場合は、総務大臣の許可を受けなければなりません。

このうち、財政再生計画の実施が着実に行われている財政再生団体については、原則として同意基準と同様の内容の許可基準によって、地方債の発行が許可されます。

それ以外の財政再生団体等については、財政の再生状況をふまえ、災害応急事業費など一部に限って、地方債の発行が許可されます。

▶▶ 不要協議債

次の場合については起債の協議を要しないことになっています（地方債に関する省令1条）。

①市町村等が都道府県から借り入れる場合
②借入額を減額する場合
③民間資金による地方債について、借入先を変更する場合
④発行の方法を証券発行及び証書借入、その相互間で変更する場合
⑤利率を引き下げる場合
⑥償還年限を短縮する場合、または、償還ペースを早める場合
⑦あらかじめ借換えが予定されている地方債について、当該同意等において予定された借換えを行う場合
⑧償還年限を延長せず、かつ、償還ペースを遅延させない場合において、利率を引き上げないで借換えを行う場合
⑨財政融資資金または地方公共団体金融機構の資金による地方債について、利率見直し方式により、見直し後の利率に変更する場合
⑩償還期限を繰り上げる繰上償還を行う場合

⑪償還年限を延長せず、かつ、償還ペースを遅延させないで償還方法を変更する場合

▶▶ 起債充当率

　地方債を発行するといっても、必ずしも事業費の全額を地方債で賄うわけではありません。

　起債充当率とは、事業費の財源について、国庫補助金などの特定財源を除いた自治体負担額、または起債対象部分のうち、地方債を充てることのできる割合、比率をいいます。

　起債充当率は、毎年、総務省が策定する「地方債同意等基準運用要綱」の中で、事業の種類ごとに公表されます。

　地方交付税が不足するとき（今では常態化していますが）、交付税で措置すべき財政需要を起債で措置するために財源対策債分として起債充当率の引き上げが行われます。もちろん、本来分も財源対策分も償還経費については後年度の地方交付税で措置（基準財政需要額に算入）されますが、この割合についても事業の種類ごとに公表されます。

　反対に、（もし、地方交付税が潤沢ならば）地方債を抑制するため、事業費を地方交付税の事業費補正などで措置し、起債充当率を引き下げることもできるのです。

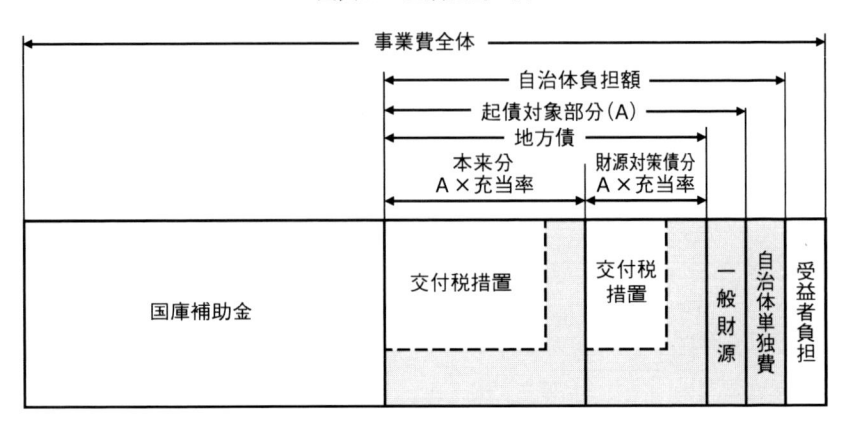

図表47　起債充当の例

6-3 地方債の借入れと償還

▶▶ 地方債の資金（公的資金）

　地方債の借入先は、公的資金と民間資金に分けることができます。

　公的資金には、現在、財政融資資金と地方公共団体金融機構資金とがあります。

①財政融資資金

　財政投融資改革による資金運用部資金の廃止に伴い、2001年4月から新しい資金として誕生しました。国債の一種である財投債により調達した資金や、政府の特別会計の積立金、余裕金等が原資となっており、財務省において管理運用されています。

　貸付方法はすべて証書貸付の方法をとっており、償還方法は原則として、元利均等償還となっています。

　財政投融資改革の際に残されていた郵政公社資金（郵便貯金資金、簡易生命保険資金）については、日本郵政公社の民営化に伴い、2007年度に廃止されました。

②地方公共団体金融機構資金

　同機構は、地方金融機構債の発行により資本市場から資金を調達し、自治体に対し、長期かつ低利の資金を融資する地方共同の資金調達機関です。

　同機構は、全自治体が資本金を出資し、自治体が自律的・主体的に運営する機関として、2008年8月1日に設立されました。当初の名称は地方公営企業等金融機構でしたが、2009年6月に現名称となり、貸付対象に地域活性化事業や臨時財政対策債等の一般会計債も加えられました。

貸付方法は証書貸付ですが、償還方法については、現行の元利均等方式に加え、2015年度から元金均等方式が導入されています。
　なお、同機構の前身である公営企業金融公庫は、一切の権利義務を同機構に承継して、2008年10月に解散しました。
　公的資金には、このほか国の一般会計または政府関係機関等から貸し付けられる貸付金（特定資金）があります。

▶▶ 地方債の資金（民間資金）

　次に、民間資金ですが、金融機関が引き受ける場合と、債権を市場に売り出す市場公募債があります。

①銀行等引受資金

　銀行等引受資金とは、自治体が取引関係のある金融機関や農協、各種共済組合等から借り入れる資金です。預金取引など縁故関係に基づいて発行される場合が多いことから、この資金によって起こされた地方債を「縁故債」と呼んでいた時代もありました。
　銀行等引受債は、証書借入の方法によるものと、証券発行の方法によるものがあります。また、単独の金融機関が引き受けるのではなく、複数の金融機関がシンジケート団をつくり、多額の地方債を協調して引き受けることがあります。

②市場公募資金

　市場公募資金は、自治体が市場を通じて、証券発行の方法により調達する資金です。地域主権改革の進展に伴い、地方公共団体の自己責任による行財政運営が一層求められる中、地方債計画に占める市場公募資金の比率は近年上昇傾向にあります。
　こうして発行された地方債は「市場公募地方債」と呼ばれます。
　市場公募地方債には、機関投資家等を対象に都道府県等が全国規模で発行する「全国型市場公募地方債」と、個人投資家や地域住民を対象に市町村等が発行する「住民参加型市場公募地方債」の2種類があります。
　全国型市場公募地方債の発行は、銀行や証券会社等から構成されるシ

団（引受シンジケート団）による募集引受の方式、主幹事方式、入札方式などがありますが、長らく、発行団体の間に信用格差はないという考え方から、発行条件は一律に決められていました。しかし、2002年度から実施された東京都とその他の地方債の2つに分離して交渉する「2テーブル方式」を経て、現在の個別条件交渉方式に移行しています。

全国型市場公募地方債は現在54の自治体が発行していますが、個別発行方式のほか、36の自治体が共同して発行する「共同発行市場公募地方債」があります。これは、地方財政法第5条の7に基づくもので、発行ロットを大型化し、発行コストの低減、安定的な調達等を図るため、2003年度から毎月、連名で連帯債務を負う方式により発行されています。

一方、「住民参加型市場公募地方債」は、市区町村が地域住民から資金を調達し、その資金で事業を実施するものです。住民の行政施策に対する意識の高揚や住民に対する各種施策のＰＲにつながることが期待されています。全国での発行額、発行団体数は2006年度まで一貫して増加していましたが、その後、減少傾向にあり、2014年度は自治体全体で約1,600億円程度にとどまっています。

このような市場公募債の利率は銀行などの普通預金や国債の利率より高く、また、一般的な銀行等の借入利率よりは低く設定されるのが一般的です。しかし、引受機関である銀行等に支払う発行手数料が必要となるため、コストが高くなることがあるので注意が必要です。

▶▶ 地方債の発行形式

地方債の発行形式について、証書借入と証券発行の方法があります。

証書借入は、自治体が融資元（借入先）に借用証書を提出して資金貸付を受ける方法です。財政融資資金及び地方公共団体金融機構資金は証書借入です。

証券発行は自治体が地方債証券を発行し、それを金融機関その他が引き受けることで資金を調達する方法です。証券発行については、地方債市場育成の観点から今後、より活用されると考えられますが、利率だけ

でなく、発行手数料やPRなど、発行コスト全体を考慮する必要があります。

▶▶ 地方債の発行スケジュール

　新年度が始まるとすぐ、当初（第一次）分の要望（起債予定）についての調査が始まります。調査に先立ち、総務省から「地方債の同意又は許可に関する基準等」が示され、説明会が開催されます。

　5月中旬ごろ、起債計画書（一次分）を提出しますが、公的資金については財務局、財務事務所等のヒアリングが行われることがあります。

　9月上旬には事業債ごとに同意予定額、資金区分の明記された同意等予定額通知が交付されるので、これに従って正式な協議書を提出します。10月中には、同意書が送付されます。

　11月には、起債追加要望（二次分）の照会があるので、起債計画書（二次分）を提出します。これ以後は、原則、起債要望額の増額ができないので、漏らさぬよう注意が必要です。2月の半ばには当初と同じように同意予定額通知が交付されるので、これに従って正式な協議書を提出します。3月下旬までには、同意書が送付されます。

　図表46に一般的なスケジュールを入れましたが、起債計画書の提出から同意書が届くまで約5か月かかることがわかります。これは同意予定額の調整を含めて2往復の手続きを行っているためで、先に述べた民間資金の届出制では片道のみの手続きで足りることから、およそ1か月半で手続きが完了します。

　なお、国の補正予算が組まれたような場合、起債が必要となる場合があります。そのときは、自治体側でも「予算」に計上しなければならず、新たなスケジュールが緊急に公表されます。

▶▶ 地方債の償還

　地方債の償還には、満期（最終償還日）に一括して償還する「満期一括償還」と、一定期日に一定額を償還する「定時償還」とがあります。

図表48　地方債の一般的な発行スケジュール

総務省		都道府県知事		市町村等
	一次照会 →		← 4月中 一次照会	
	← 起債予定額一覧表提出		5月中 起債計画書提出 →	
	同意予定額通知 →			
	← 市町村毎同意予定額一覧表提出			
	同意通知 →		9月上 同意予定額通知 →	
			← 9月下 協議書提出	
			10月中 同意書送付 →	
	二次照会 →		← 11月中 二次照会	
	← 起債予定額一覧表		12月上 起債計画書提出 →	
	同意予定額通知 →			
	← 市町村毎同意予定額一覧表提出			
	同意通知 →		2月中 同意予定額通知 →	
			← 3月中 協議書提出	
			3月下 同意書送付 →	

　証券方式の民間資金について、かつては抽選により償還すべき債権を決定する「抽選償還」という方法がありましたが、現在では概ね満期一括償還が採用されています。

　満期一括償還は多額の資金が必要なので、予算上の措置とともに、現金を確保しなければなりません。

　公的資金や証書借入の民間資金では定時償還が中心です。1年に1回償還の「年賦」もありますが、多くは、半年に1回償還の「半年賦」です。財政融資資金、地方公共団体金融機構資金の償還は3月と9月と決まっています。民間資金は借り入れた月日によりますが、3月〜5月に集中しますので、償還事務や利払いは3〜5月、10月〜11月に集中します。

COLUMN・⑥

時間貯金

　1日は24時間ですが、もう1時間あったら、何に使いますか？
　読書？　睡眠？　運動？　私なら、1時間を貯金します。30日かけて30時間貯まったら、それを使って、温泉に出かけます。
「なーんだ、ドラえもんの話？」
　違います。未来の道具を使わなくても時間は貯金できます。
　まず、スケジュール帳を開いてください。スケジュール帳がない方は、今すぐ、作ってください。時間を見える化するためです。
　明日、1時間かかる仕事があったら、今日やってしまいましょう。
　すると、次の日に1時間の空白ができます。
　これが1時間の貯蓄です。
　同様に、5日分の仕事を4日で終わらせれば、1日の空白ができます。時間貯金とは、やるべきことを前もってやり、空白の時間をつくることです。
　ところが翌日、この貯めた1時間や1日を使って、何かをしても、しなくても、時間貯金はゼロになってしまいます。時間貯金は使用期限付きの貯金です。活かすも、殺すも、自分次第なのです。
　空白の時間をつくるのに「後にする」という方法があります。明日、1時間かかる仕事を明後日にやることにすれば、1時間の空白ができます。でも、これはスケジュール（時間割）の変更であって、時間貯金ではありません。やるべきことが減っていないからです。
　また、同じ「後にする」場合でも、仕事をスケジュールに入れることができず、やるべき仕事が溜まっていくことがあります。この状態は、時間の「借金」といえるでしょう。「借金」はいつか返さなければなりません。皆さんが仕事に追われているとしたら、それは、時間の借金地獄に陥っているからです。
　このように、時間は貯めるにも、借りるにも、そして使うにもスケジューリングが不可欠です。スケジューリングによって、誰にでも等しく流れている「時間」を、自分だけの「時間」としてマネジメントすることができるのです。
　1日が25時間になっても、無駄に使えば、何の意味もありません。

第7章 財務分析

7-1 ◎…決算統計

▶▶▶ 決算統計で自治体の体力を測る

　決算統計とは「地方財政状況調査」のことで、法律に基づき全国で一斉に行われます。全国自治体の総決算ですから、遅れることは許されません。作成する調査表は概ね次のとおりですが、7月初旬には都道府県を通じて総務省に提出します。

　提出した調査表は自治体の普通決算等の概要としてまとめられ、主要財政指標については12月ごろ、各自治体の決算状況、決算カードなどは翌年3月ごろまでに公開され、こうした数値をもとに、最終的には地方財政白書が編纂されます。

　これまで決算統計では、「決算カード」「財政状況等一覧表」「財政比較分析表」及び「歳出比較分析表」を作成し、これとは別に、地方公共団体の財政の健全化に関する法律における財政指標について、「健全化

図表49　決算統計調査表

番号	調　査　表　名
00	条件コード表
01	一部事務組合への加入等の状況
02	決算収支の状況
03	繰越額等の状況
04	歳入内訳
05	収入の状況
06	市町村税の徴収実績
07	歳出内訳及び財源内訳（その1）議会・総務
08	歳出内訳及び財源内訳（その2）民生・衛生
09	歳出内訳及び財源内訳（その3）労働・農水・商工
10	歳出内訳及び財源内訳（その4）土木
11	歳出内訳及び財源内訳（その5）消防・教育

12	歳出内訳及び財源内訳（その６）災害・公債・諸支・繰上
13	歳出内訳及び財源内訳（その７）財源内訳
14	性質別経費の状況
15	人件費の内訳
16	職員給の状況
19	補助費等・維持補修費・公債費及び扶助費の内訳
20	維持補修費及び受託事業費の目的別の状況
21	投資的経費の状況　その１普通建設事業費　(1)補助事業
22	投資的経費の状況　その１普通建設事業費　(2)単独事業
23	投資的経費の状況　その１普通建設事業費　(3)県営負担
27	公営企業（法非適）等に対する繰出し等の状況
28	公営企業（法適）等に対する繰出し等の状況
29	基金の状況
30	貸付金、投資及び出資金の状況
32	資金収支の状況
33	地方債現在高の状況
34	地方債借入先別及び利率別現在高の状況
36	地方債年度別償還状況
37	債務負担行為の状況　その１債務負担行為の状況
40	道路交通安全対策の状況
45	一部事務組合負担金等の性質別内訳の状況
46	施設の管理費等の状況
47	扶助費の内訳
48	財産区の決算状況
50	収益事業会計決算の状況
51	収益金の使途状況
52	国民健康保健事業会計（事業勘定）決算の状況
53	国民健康保健事業会計（直診勘定）決算の状況
54	老人保健医療事業会計決算の状況
56	農業共済事業会計決算の状況（法適を含む）
57	交通災害共済事業会計決算の状況（直営分のみ）
60	事業債現在高等の状況
63	介護保険事業会計決算の状況（保険事業勘定）
64	介護保険事業会計決算の状況（介護サービス事業勘定）
70	道路関係経費の状況
71	投資的経費の状況　その２用地取得費　(1)補助事業
72	投資的経費の状況　その２用地取得費　(2)単独事業
73	投資的経費の状況　その２用地取得費　(3)合計
89	物件費の内訳
90	一般行政経費の状況
93	一時借入金の状況
94	後期高齢者医療事業会計決算の状況（市町村）
95	後期高齢者医療事業会計決算の状況（広域連合）
96	選挙費の内訳
97	基金の状況（復旧・復興事業分）
98	基金の状況（全国防災事業分）

第7章　財務分析

判断比率・資金不足比率カード」を作成してきましたが、各様式で重複しているデータを整理し、平成22年度決算分から、「決算カード」と「財政状況資料集」に再編されています。

①決算カード

　各年度に実施した地方財政状況調査の集計結果に基づき、各都道府県・市町村ごとの普通会計歳入・歳出決算額、各種財政指標等の状況について、1枚のカードに取りまとめたものです。

②財政状況資料集

　各都道府県・市町村ごとに普通会計歳入・歳出決算額、各種財政指標等の状況を示し、公営事業会計、一部事務組合及び第三セクター等の財政・経営状況を明らかにするとともに、各種財政指標等の類似団体間での比較や内訳の分析を行い、各自治体の財政の状況を体系的にまとめたもので、次のような情報が盛り込まれています。

・総括表
・普通会計の状況
・各会計、関連団体の財政状況及び健全化判断比率
・財政比較分析表（普通会計決算）
・経常経費分析表（普通会計決算、経常収支比率の分析）
・同（普通会計決算、人件費、公債費、普通建設事業費の分析）
・実質収支比率等に係る経年分析
・連結実質赤字比率に係る赤字、黒字の構成分析
・実質公債費比率（分子）の構造
・将来負担比率（分子）の構造

▶▶ 普通会計は統計上の自治体統一会計です

　一般会計は自治体に1つしかありませんが、特別会計の数や区分は自治体によってまちまちです。また、一般会計と特別会計を単純に足し算しても、会計間でのやりとりがあるので、そのままでは財政規模すら比較できなくなってしまいます。そこで、普通会計という概念が登場します。

普通会計は、一般会計と特別会計（公営事業会計を除く）を合算し、さらに純計処理といって、会計間のやりとり、重複計上を取り除くなどの操作を加えたものです。
　この普通会計に含まれない公営事業会計には次のものがあります。
①事業会計
　国民健康保険、老人保健医療、介護保険、農業共済、交通災害共済、公立大学付属病院などです。
②収益事業会計
　上下水道、バス・地下鉄などの交通、電気、港湾、有料道路、病院、市場などです。
③公営企業会計
　言葉は似ていますが、「公営事業会計」より狭い概念です。競輪、競馬、競艇、オートレース、宝くじ事業などです。
　なお、特別会計とされているものでも、上記①〜③に属さない母子福祉資金貸付会計、用地会計、公債費会計など、その他の特別会計は普通会計に入り、反対に、一般会計に公営事業会計で計理されているものがある場合は、普通会計から除外されます。

図表50　決算統計の範囲

		決算統計
一般会計		普通会計
特別会計	その他の特別会計	
	事業会計	公営事業会計
	収益事業会計	
	公営企業会計	

図表51　決算カード

平成　　年度 決算状況		人口	○○年国調 □□年国調 増減率		人口 YY年 XX年 増減率	%	区分 人 人 %	住民基本台帳人口 人 人 %	うち日本人 人 人 %
歳入の状況（単位千円・%）						面積			km²
区分	決算額	構成比	経常一般財源等	構成比		人口密度			人
地方税						市町村税の状況			
地方譲与税						区分		収入済額	
利子割交付金						普通税			
配当割交付金						法定普通税			
株式等譲渡所得割交付金						市町村民税			
地方消費税交付金						個人均等割			
ゴルフ場利用税交付金						所得割			
特別地方消費税交付						法人均等割			
自動車取得税交付金						固定資産税			
軽油引取税交付金						うち純固定資産税			
地方特例交付金						軽自動車税			
地方交付税						市町村たばこ税			
普通交付税						鉱産税			
特別交付税						特別土地保有税			
（一般財源計）						法定外普通税			
交通安全対策特別交付金									
分担金・負担金						目的税			
使用料						法定目的税			
手数料						入湯税			
国庫支出金						事業所税			
国有提供交付金						都市計画税			
（特別区財調交付金）						水利地益税			
都道府県支出金						法定外目的税			
財産収入									
寄附金						旧法による税			
繰入金									
繰越金						合計			
諸収入									
地方債									
うち減収補填債(特例分)									
うち臨時財政対策債									
歳入合計									

性質別歳出の状況（単位千円・%）						性質	
区分	決算額	構成比	充当一般財源等	経常経費充当一般財源等	経常収支比率	区分	
人件費						議会費	
うち職員給与費						総務費	
扶助費						民生費	
公債費						衛生費	
内訳 元利 元金 償還金 元利 一時借入金利子						労働費 農林水産費 商工費	
（義務的経費計）						土木費	
物件費						消防費	
維持補修費						教育費	
補助費等						災害復旧費	
うち一部事務組合負担金						公債費	
繰出金						諸支出費	
積立金						前年度繰上充用金	
投資・出資金・貸付金						歳出合計	
前年度繰上充用金			経常経費充当一般財源等計 千円			公営事業等	
投資的経費			経常収支比率				
うち人件費			%　　　　　%			合計	
内訳 普通建設事業費			（減収補填債(特例分)及			下水道	
うち補助			び臨時財政対策債除く）			病院	
うち単独						水道	
災害復旧事業費			歳入一般財源等			観光施設	
失業対策事業費			千円			国民健康保険	
歳出合計						その他	

第7章 財務分析

産業構造				都道府県名		団体名		市町村類型	△△市
区分	○○年国調	□□年国調		XX ○○県		XXXX ○○市		地方交付税種地	X-0
第1次									
第2次				区分				○○年度(千円)	○○年度(千円)
第3次				収支状況	歳 入 総 額				
(単位千円・%)		指定団体等の指定状況			歳 出 総 額				
構成比	超過課税分				歳 入 歳 出 差 引				
		旧 新 産			翌 年 度 に 繰 越				
		旧 工 特			実 質 収 支				
		低 開 発			単 年 度 収 支				
		旧 産 炭			積 立 金				
		山 振			繰 上 償 還 金				
		過 疎			積立金取崩し				
		首 都			実質単年度収支				
		近 畿		区分		職員数(人)	給与月額(百円)	1人当り平均給料月額(百円)	
		中 部		一般職員等	一 般 職 員				
		財政健全化等			うち消防職員				
		指数表選定			うち技能労務				
		財源超過			教育公務員				
					臨 時 職 員				
					合 計				
		一部事務組合加入の状況		特別職等		定数	適用開始年月日	1人当り平均給料報酬月額(百円)	
		議員公務災害	し尿処理	市区町村長					
		非常勤公務災害	ごみ処理	副市区町村長					
		退職手当	火葬場	教 育 長					
		事務機共同	常備消防	議会議長					
		税務事務	小学校	議会副議長					
		老人福祉	中学校	議会議員					
		伝染病	その他						

別歳出の状況 (単位千円・%)				区分		○○年度(千円)	○○年度(千円)
決算額(A)	構成比	(A)のうち普通建設事業費	(A)の充当一般財源等	基 準 財 政 収 入 額			
				基 準 財 政 需 要 額			
				標 準 税 収 入 額 等			
				標 準 財 政 規 模			
				財 政 力 指 数			
				実 質 収 支 比 率 (%)			
				公債費負担比率(%)			
				健全化判断比率	実質赤字比率(%)		
					連結実質赤字比率(%)		
					実質公債費比率(%)		
					将来負担比率(%)		
				積立金現在高	財政調整		
					減 債		
					特 定 目 的		
				地 方 債 現 在 高			
への繰出		国民健康保険事業会計の状況		債務負担行為額 (支出予定額)	物件等購入		
					保証・補償		
					そ の 他		
					実質的なもの		
		実 質 収 支		収益事業収入			
		再差し引き収支		土地開発基金現在高			
		加 入 世 帯 数		徴収率(%) (現年・計)	合 計		
		被保険者数 (人)			主町村民税		
		被保険者1人当り	保険税(料)収入額		純固定資産税		
			国庫支出金				
			保険給付額				

収支には4つある

一口に黒字、赤字といっても収支には4つあります。

①形式収支
歳入決算額から歳出決算額を差し引いた歳入歳出差引額です。法令用語ではなく、決算書の「実質収支に関する調書」の中に出てくる「歳入歳出差引額」を示す慣用語です。すべての役所で、この収支を赤字にしない「つじつま合わせ」を行っています。

②実質収支
形式収支から、翌年度に繰り越すべき財源を控除した額です。当該年度に属すべき収入と支出との実質的な差額なので、黒字、赤字の判断は、この実質収支によるべきです。

③単年度収支
実質収支は前年度以前の収支の累積なので、その影響を控除した単年度の収支額です。具体的には、当該年度における実質収支から前年度の実質収支を差し引いた額です。

④実質単年度収支
単年度収支から、実質的な黒字要素（財政調整基金への積立額及び地方債の繰上償還額）を加え、赤字要素（財政調整基金の取崩し額）を差し引いた額です。その年の収入でその年を暮らせることができたか？という数字ですから、次年度以降の財政運営に大きな影響を与える指標ということができます。

実質収支比率

実質収支の標準財政規模（臨時財政対策債発行可能額を含む）に対する割合（％）です。黒字や赤字の大きさを年間収入の割合で示すものですが、年間収入の捉え方もいろいろあるので、標準財政規模を使います。

標準財政規模とは、自治体の標準的な状態で通常収入される経常一般財源等（地方税、普通交付税、地方譲与税など）の額であり、地方交付税制度でいう標準税収入額等に普通交付税を加算した額です。

また、臨時財政対策債は本来、交付されるべき地方交付税の不足を補う目的で発行するものであり、その償還費用は後年度の地方交付税で措置されるため、地方交付税の代替財源とみなすことになっています。

▶▶ 経常収支比率

　経常収支比率は、経常一般財源（一般財源のうち地方税、普通交付税のように毎年度、経常的に収入されるもの）が、経常経費（人件費、扶助費、公債費のように毎年度、経常的に支出される経費）に充てられた割合です。家計でいえば、お父さんの給料を、住宅ローンの支払いや光熱水費、食費など生活する上で不可欠な経費に何％充てているか？　という数字です。

$$経常収支比率 = \frac{経常経費に充てた経常一般財源}{経常一般財源}$$

　家計の場合、この比率は低ければ低いほどいいわけですが、自治体の場合はそうではありません。自治体は、その役割を果たすために税金を徴収しているので、この比率が低すぎるということは税金を取りすぎているということになるからです。そこで、自治体の経常収支比率は70

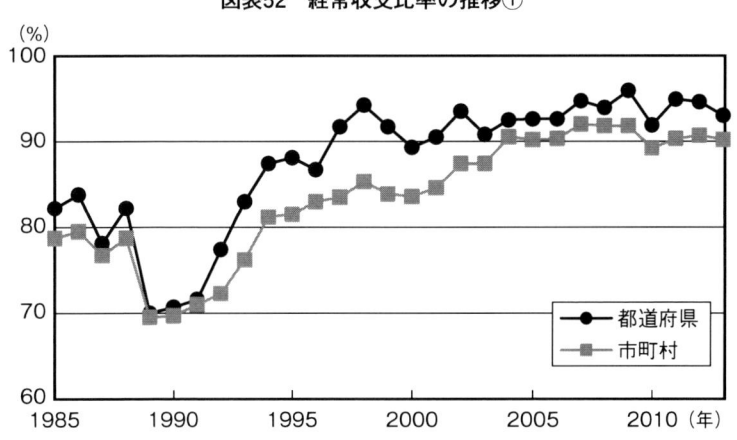

図表52　経常収支比率の推移①

〜80％が適正だとされています。

経常収支比率は、1990年度には70％まで低下しましたが、その後は上昇に転じ、1994年度に危険水準の80％を超え、1997年度には都道府県で、2004年度には市町村で90％を突破しました。2013年度決算によると、全都道府県と85.9％の市町村で80％を超えています。

▶▶ 経常収支比率（その2）

経常収支比率の計算でも、臨時財政対策債発行額は地方交付税の代替財源とみなされ、経常一般財源として扱われています。

しかし、借金を財源とみなすには違和感があります。

臨時財政対策債の元利償還金が増加し続ける中で、本当に地方交付税で措置されるのか、という疑念があり、地方財政計画で元利償還金を除いた歳出を削減すれば、元利償還金を地方交付税で措置したことにできると考えられるからです。

図表53は、経常一般財源に臨時財政対策債発行額を算入した場合と、そうでない場合の経常収支比率を比較したものです。都道府県では100％を超え、市町村でも100％に近い水準で推移していることがわか

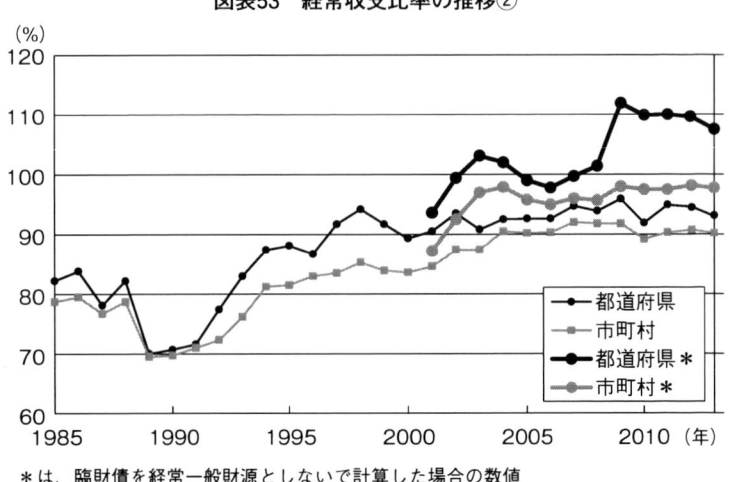

図表53　経常収支比率の推移②

＊は、臨財債を経常一般財源としないで計算した場合の数値

ります。しかも、これは平均値です。さらに厳しい状況にある自治体があります。これが、自治体財政の本当の姿なのです。

▶▶ 公債費負担比率

公債費負担比率は、一般財源を公債費に充てている割合です。家計でいえば、借金の返済に給料の何％を充てているか？　という数字です。

$$公債費負担比率 = \frac{公債費に充てた一般財源}{一般財源}$$

公債費負担比率が高いほど、一般財源に占める公債費の比率が高く、財政構造の硬直化が進んでいることを表しています。

1991年度以降、地方税収等の落ち込みや減税による減収の補てん、景気対策等のための地方債の増発等により上昇し、1997年に警戒水準の15％を超えたあと、2003年度には19.4％と危険水準の20％に肉薄、現在もこの高い水準が続いています。

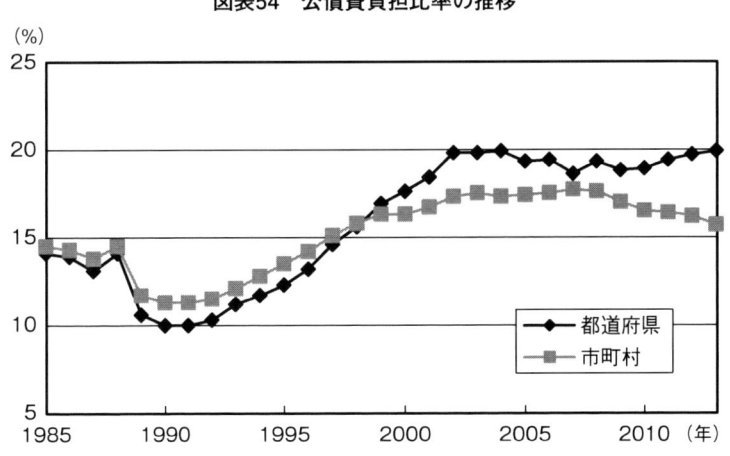

図表54　公債費負担比率の推移

▶▶ 財政力指数

　財政力指数は、自治体の財政力を示す指数で、基準財政収入額を基準財政需要額で除して得た数値の過去3年間の平均値です。財政力指数が1以上あれば自らの財源で自らの支出を賄うことができます。

$$財政力指数 = \frac{基準財政収入額}{基準財政需要額}$$

　しかし、2013年度決算で財政力指数が1以上の自治体は、都道府県ではゼロ、市町村では59、全体のわずか3.3％にすぎませんでした。57％の自治体は財政力指数が0.5未満で、地方交付税に依存する財政構造になっていることがよくわかります。

図表55　自治体種別ごとの財政力指数

	0.3未満	0.3〜0.5	0.5〜1.0	1.0以上	合計	平均
都道府県	10	20	17		47	0.46
政令指定都市			19	1	20	0.85
中核市		2	39	1	42	0.76
特例市			39	1	40	0.81
中都市		20	129	16	165	0.77
小都市	55	199	260	9	523	0.54
町村	474	221	203	31	929	0.38
合計	539	462	706	59	1,766	0.49

7-2 健全化判断比率

▶▶ 新しい財政指標

　2008年4月「地方公共団体の財政の健全化に関する法律」が全面施行され、首長は、毎年度、決算に基づく健全化判断比率を、さらに公営企業を経営する首長は公営企業ごとの資金不足比率を、その基礎資料とともに監査委員の審査に付し、その意見を付けて議会に報告し、公表することになっています（健全化法3条1、2項）。

　また、公表した健全化判断比率を都道府県、指定都市は総務大臣に、指定都市を除く市町村・特別区は都道府県知事に報告しなければなりません（同3項）。

　そして、いずれかの指標が早期健全化基準以上の場合は財政健全化団体となり、財政健全化計画を定め、自主的な改善努力が求められ、さらに財政再生基準以上の場合は財政再生団体となり、財政再生計画を定め、国等の関与による健全化が図られることになっています。

　また、公営企業に対しても、資金不足比率が経営健全化基準を超える場合には経営健全化団体に指定され、経営健全化計画を定め実施状況を公表しなければなりません。

　さらに、財政健全化団体、財政再生団体、経営健全化団体の長は、毎年9月30日までに、決算との関係を明らかにした財政健全化計画、財政再生計画、経営健全化計画の実施状況を議会に報告し、公表し、総務大臣に報告しなければなりません。

　この健全化判断比率の特徴は財政状況の監視対象を、普通会計から地方公営企業及び外郭団体へと広げ、フローだけでなくストックの財政指標も含めて評価する点です。健全化判断比率算出の対象となる会計は、

実質赤字比率が普通会計相当、連結実質赤字比率、実質公債費比率、将来負担比率の対象会計は図表54のとおりです。公営企業会計については、会計ごとに資金不足比率を算定します。

　2013年度決算に基づく健全化判断比率が早期健全化基準以上である自治体は全1,788中1団体しかなく、財政再生団体になっています。また、資金不足額のある公営企業会計は全6,872会計中60、うち18会計が経営健全化基準を超えています。

　この基準とは別に、実質赤字比率と実質公債費比率が一定以上の自治体は、地方債の発行に許可が必要になります。これは、許可制から協議制へ移行した際に、地方債全体の信用を維持するために設けられたガイドラインです。2013年度決算で実質公債費率が18％を超えた自治体は全部で41あり、その内訳は4道府県、1政令市、20市、16町村でした。

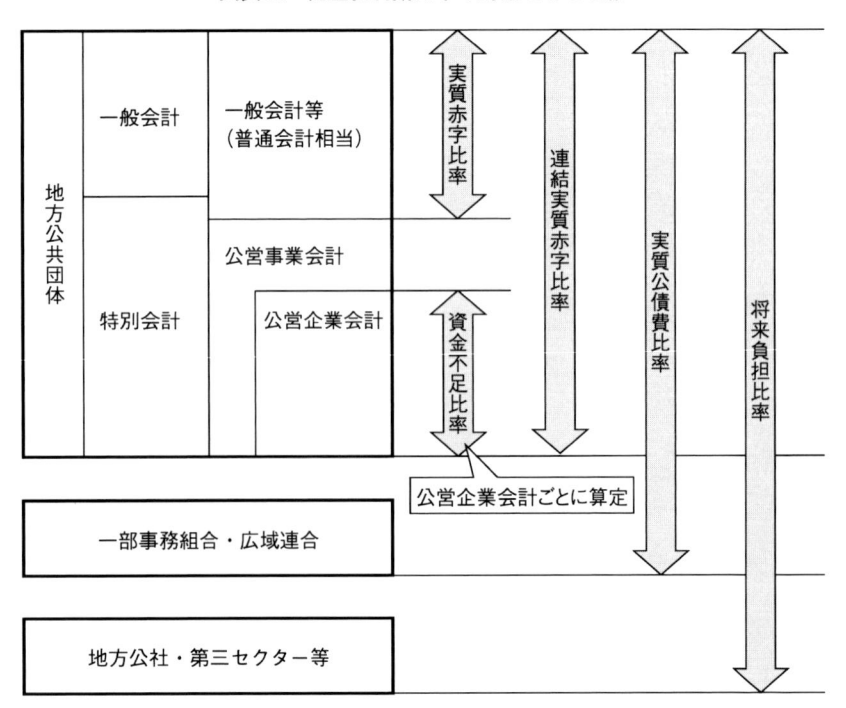

図表56　健全化判断比率の対象となる会計

図表57　健全化判断比率の水準

	地方債協議・許可移行基準（参考）	早期健全化基準	財政再生基準
実質赤字比率	都道府県 2.5% 市区町村 2.5〜10%	道府県 3.75% 都 5.74% 市区町村 11.25%〜15%	道府県 5% 都 8.98% 市町村 20%
連結実質赤字比率	—	道府県 8.75% 都 10.74% 市区町村 16.25%〜20%	道府県 15% 都 18.98% 市町村 30%
実質公債費比率	18%	25%	35%
将来負担比率	—	都道府県・政令市 400% 市区町村 350%	
資金不足比率	10%	経営健全化基準 20%	

▶▶ 実質赤字比率

　実質赤字比率は、普通会計を対象とした実質赤字額の標準財政規模に対する比率です。

　自治体の一般会計等の赤字の程度を表す指標で、財政運営の悪化の度合いを示すものです。

$$実質赤字比率 = \frac{一般会計等の実質赤字額}{標準財政規模}$$

　財政再生基準については、旧再建法の起債制限の基準を用い、市町村は20％、道府県は5％とされています。

　早期健全化基準については、地方債協議・許可移行基準（区市町村 2.5〜10％、都道府県 2.5％）と財政再生基準との中間値をとり、市町村は財政規模に応じ 11.25〜15％、道府県は 3.75％とされています。なお、いずれの基準も、東京都は別途設定されることになっています。

▶▶ 連結実質赤字比率

　連結実質赤字比率は、公営企業会計を含む自治体の全会計を対象とした、実質赤字額及び資金不足額の標準財政規模に対する比率です。

　すべての会計の赤字と黒字を合算して、自治体全体としての赤字の程

度を表す指標で、自治体の財政運営の悪化の度合いを示すものです。

$$連結実質赤字比率 = \frac{連結実質赤字額}{標準財政規模}$$

早期健全化基準、財政再生基準は、実質赤字比率の基準に、公営企業会計等における経営健全化の状況等をふまえ、それぞれ5％、10％加算されています。

▶▶ 実質公債費比率

実質公債費比率は、自治体が負担する地方債の元利償還金及び準元利償還金の、標準財政規模から元利償還金等に係る基準財政需要額算入額を控除した額に対する比率です。借入金（地方債）の返済額及びこれに準じる額の大きさを表す指標で、資金繰りの程度を示すものです。

$$\begin{array}{c}実質公債費比率\\（3か年平均値）\end{array} = \frac{元利償還金等 - 特定財源 - 元利償還金等に係る基準財政需要額算入額}{標準財政規模 - 元利償還金等に係る基準財政需要額算入額}$$

実質公債費比率が18％以上の自治体は、地方債を発行する際、総務大臣または都道府県知事の許可が必要となります。18％以上25％未満の自治体は公債費負担適正化計画の策定を条件に一般的な許可基準により許可をされます。

さらに、25％以上35％未満の財政健全化団体等は、一般単独事業債の起債が、35％以上の財政再生団体等は、一般公共事業（災害関連事業を除く）、教育・福祉施設等整備事業等に係る起債が制限されます。

▶▶ 将来負担比率

将来負担比率は、地方公社や損失補償を行っている出資法人等に係るものも含め、自治体が将来負担すべき実質的な負債の、標準財政規模から元利償還金等に係る基準財政需要額算入額を控除した額に対する比率です。

$$\text{将来負担比率} = \frac{\text{将来負担額} - \text{充当可能基金額} - \text{特定財源見込額} - \text{地方債現在高に係る基準財政需要額算入見込額}}{\text{標準財政規模} - \text{元利償還金等に係る基準財政需要額算入額}}$$

　自治体の借入金（地方債）や将来支払っていく可能性のある負担等の現時点での残高を表す指標で、将来財政を圧迫する可能性の度合いを示すものです。早期健全化基準については、実質公債費比率の早期健全化基準に相当する将来負担額の水準と平均的な地方債の償還年数を勘案し、市町村は350％、都道府県及および政令市は400％とされています。
　なお、将来負担比率には財政再生基準は設けられていません。

▶▶ 公営企業会計ごとの資金不足比率

　資金不足比率は、公営企業会計ごとの資金不足額の事業規模に対する比率です。公営企業の資金不足を、公営企業の事業規模である料金収入の規模と比較した指標で、経営状態の悪化の度合いを示すものです。

$$\text{資金不足比率} = \frac{\text{資金の不足額}}{\text{事業の規模}}$$

　早期健全化基準に相当する経営健全化基準は、地方債協議・許可制移行基準を勘案して20％とされています。
　資金不足比率が10％以上の公営企業は資金不足等解消計画を策定し、その内容、実施状況に応じて地方債の発行が許されます。
　資金不足比率が20％を超える経営健全化団体等は、経営健全化計画を策定し、その内容、実施状況に応じて地方債の発行が許可されます。
　先に述べたように、2013年度決算で早期健全化基準を超えたのは1市だけでした。制度発足直後の2007年度に15市区、28町村、2008年度に6市、16町村であったことを考えると財政の健全化が進んだといえなくもありませんが、これをもって安心という水準でないことは確かです。健全化判断比率を使う場合でも、図表55に掲げた地方債協議・許可制移行基準を参考に、従来の財政指標である経常収支比率、公債費負担比率、財政力指数なども合わせて、財政運営に活用すべきです。

7/3 ◎…行政評価

▶▶ 自治体の予算主義と企業の成果主義

　自治体の予算は住民に負担（税）を課し、これを配分するための重要な計画です。議会の議決を通じ住民に約束したとおり予算を執行する（使う）ことが行政の目的となることから、これを「予算主義」と呼びます。

　一方、企業にとって予算は利益を上げるための経費です。利益を上げるという成果が目的であることから、これを「成果主義」と呼びます。

　企業の予算は売上げによって増減します。例えば、小売店で売上げが予想以上に増えたときは、商品を仕入れる追加の資金や商品を売る店員を増やす経費が必要になります。売上げを伸ばし利益を上げるため、店舗を増やすという積極的な予算を組むこともあるでしょう。逆に売上げが落ちたときは、仕入れを控え、店員の数を減らさねばなりません。

　このように企業の予算が機動的なのに対し、自治体の予算は、議会の議決を通じ住民に一定の支出を約束するという性格を有していることから極めて固定的といえます。

　企業が予算を機動的に使うのは、企業に「利益」という明確な目標があるからです。これに対し、これまでの自治体の目標は総花的で「住民の福祉の増進」といった極めてあいまいなものでした。

　そこで登場したのが行政評価制度です。行政評価によって自治体の目標を明確にすれば、予算はその目標を達成するための手段にすぎないという考え方です。

　行政評価では「災害に強い町をつくる」というあいまいな目標を「避難危険度5の地域を3年以内に危険度4以下にする」というように、具

体的な指標にして示します。企業でいえば「今期の売上目標を1億円とする」のと同じです。違いがあるとすれば、自治体にはこうした指標が1つではなく、いくつもあることです。

いくつもある指標（目標）が、首長と議会、首長と住民、首長と自治体職員の間で共有されているのが理想です。

こうした目標を1つずつ達成し、最終的に住民満足度を向上させることが自治体の究極の目的ですが、これを実現するには、精緻でありながらも大胆な行政評価の仕組みと、機動的な予算制度が必要です。

「うちには、そんな制度がないよ！」という方もいるかもしれませんが、大丈夫。行政評価の目的や考え方を知れば、財政担当である皆さんが何をどう考えて仕事をすればいいのか、自ずとわかってきます。

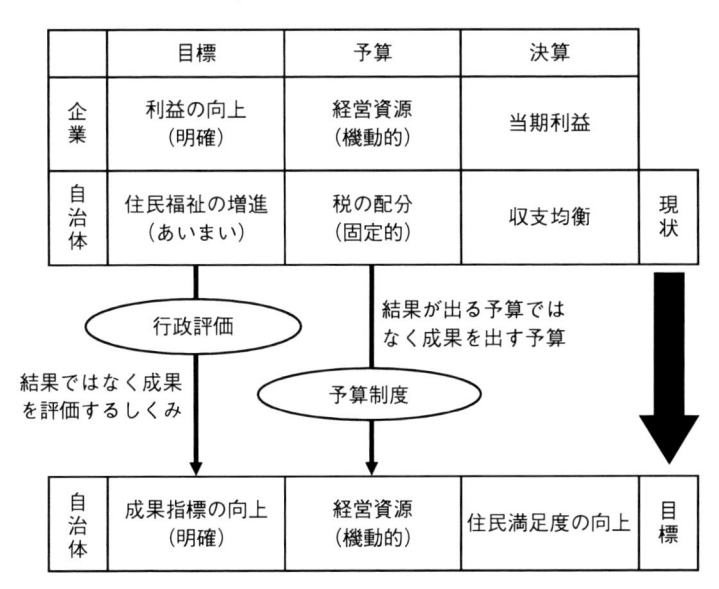

図表58　行政評価と予算・決算

	目標	予算	決算	
企業	利益の向上（明確）	経営資源（機動的）	当期利益	
自治体	住民福祉の増進（あいまい）	税の配分（固定的）	収支均衡	現状

行政評価：結果ではなく成果を評価するしくみ
予算制度：結果が出る予算ではなく成果を出す予算

| 自治体 | 成果指標の向上（明確） | 経営資源（機動的） | 住民満足度の向上 | 目標 |

▶▶ 行政評価の4つの目的

行政評価は、今でこそ行政運営に欠くことのできないものになりましたが、導入された当時は、その目的が明確でなく、「労多くして益少な

し」といわれたこともありました。

① PDCAマネジメントサイクルの確立と戦略的な自治体経営

　評価すること自体が行政評価の目的ではありません。行政評価は評価の結果に基づき、自治体が実施するサービス（政策、施策、事業）の選択と集中や予算編成を行い、企業や住民との協働を進める、自治体運営を改善・改革する手段です。

　PDCAとは、計画（Plan）⇒実施（Do）⇒評価（Check）⇒改善・改革（Action）の頭文字で、これを繰り返し行うことから「マネジメントサイクル」と呼びます。

②成果重視の自治体運営をめざし、計画の進行管理を行う

　行政評価ではすべての政策、施策、事業に成果指標を設定し、その達成度を測定します。客観的な尺度を持つことで「どれだけ仕事をしたか」ではなく「どれだけ成果が上がったか」という視点で自治体運営を行うことができます。また、行政評価を使って、自治体の定める基本計画の進行管理を行い、さらなる成果の向上をめざします。

③住民と情報を共有化し、協働の基礎をつくる

　行政評価によって自治体の目的、めざす目標、それを実現するための手段、方法、そしてその成果を住民に明らかにし、住民との新たな協働関係を築く基礎をつくります。

④職員の意識改革を進め、政策形成能力を高める

　行政評価を通じて、住民が何を求めているか、現状のままでいいのか、職員は常に自問自答しなければなりません。職員の意識改革を進め、政策形成能力を向上させるのも行政評価の重要な役割です。

▶▶ 評価の3段階

　行政の活動は一般に、政策、施策、事務事業という3階層に分類されます。行政評価もその階層に応じて、「政策評価」「施策評価」「事務事業評価」に分類されます。また、行政評価は事後に評価するのが普通ですが、事前評価や中間評価を行うこともあります。

　政策、施策、事務事業のいずれのレベルでの評価を行うかによって、

求められる評価の視点や基準、評価時点が異なります。

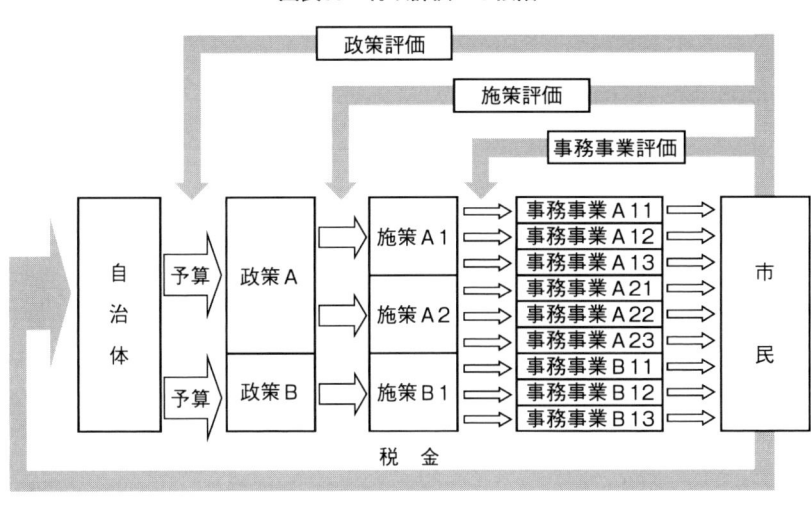

図表59　行政評価の３段階

政策評価 / 施策評価 / 事務事業評価

自治体 →予算→ 政策A → 施策A1 → 事務事業A11、事務事業A12、事務事業A13
　　　　　　　　　　　→ 施策A2 → 事務事業A21、事務事業A22、事務事業A23
　　　→予算→ 政策B → 施策B1 → 事務事業B11、事務事業B12、事務事業B13 → 市民

税金

▶▶ プロセス重視の行政評価

　すでに述べたとおり、自治体では来年の予算を獲得するために予算を「消化する」「使い切る」ことが横行していました。行政評価の目標欄に予算の執行率が設定されている、そんな驚くような例もありました。
　しかし、私たちの仕事は予算を使うことではありません。
　予算を使って目標を実現することなのです。

7/4 ◎…財務諸表

▶▶ 官庁会計の4つの欠如

　自治体会計は単式簿記、現金主義の官庁会計です。庶民には家計簿の延長でわかりやすい官庁会計ですが、企業経営者からは「わかりにくい」といわれ、次の4つの問題が指摘されています。
①現金以外の資産や負債（ストック）情報の欠如
②コスト情報の欠如
③アカウンタビリティー（説明責任）の欠如
④マネジメントの欠如
　自治体と同じ官庁会計を採用している国の一般会計予算は約96兆円（2015年度）です。一方、2013年度末の資産総額は653兆円、負債総額は約1,143兆円です。実態は予算規模をはるかに超えており、現行の予算制度だけで財政規律を制御することは難しくなっています。
　家計でも同じです。お父さんの年収800万円がどう使われているかは大切ですが、これだけが家計ではありません。現在価値3,000万円のマンション、同70万円の車、2,000万円残っている住宅ローン、これらのことがわかって初めて、我が家の家計を評価することができるのです。

▶▶ もし自分がスポーツセンターのオーナーだったら

　スポーツセンターの歳入予算には利用料が、歳出予算には事業費として管理運営費、光熱水費、修繕費、臨時職員人件費などが計上されています。年に一度の決算では、歳入がいくらあって、歳出予算がどのくらい使われたのかが明らかにされます。これが自治体の予算、決算です。

しかし、皆さんがスポーツセンターのオーナーで、経営者だとしたらどうでしょう。もっと、知らなければならないことがあります。

まず、スポーツセンターを建設するために借金をした場合の負債額です。自治体も地方債の発行という形で借金をしますが、その管理は通常、事業課ではなく財政課か、他の部署が行っており、事業課にはわかりません。

さらに、スポーツセンターに雇用する正規職員の人件費です。これも事業課ではなく人事課か、他の部署で一括して予算計上するので、事業課にはわかりません。同様に、正規職員に将来支払う退職金もわかりません。

そして、スポーツセンターの損益を計算するために必要な減価償却費です。財産台帳は事業課ではなく管財課か、他の部署で管理しているので、これも事業課にはわかりません。

つまり、オーナーである皆さんは、スポーツセンターのフルコストを知ることができないので、現在の利用料が妥当な水準なのかわからず、借金を返済している市民や利用者に説明することもできません。自治体会計だけでは、スポーツセンターの財務状況がわからないからです。

したがって、利用者を増やし、利益を上げるために利用料を値下げするといった戦略を立てることなど、到底できません。

それでも、これまで自治体がスポーツセンターを運営（経営ではない）できたのは、自治体の懐が深い（財源全体がスポーツセンターにかかる経費に比べて格段に大きい）からです。しかし、近年の財政難と民間施設の台頭によって、自治体の運営するスポーツセンターは苦戦を強いられています。廃止は民間企業でいえば倒産に当たりますが、スポーツセンターが廃止されても、その負債総額が公表されることはありません。

自治体会計だけでは、スポーツセンターの財務状況がわからないからです。

▶▶ 複式簿記、発生主義会計とは

単式簿記では、お金を払って物を買うと支出として記録します。現金

が減ったことしか記録しません。これに対し複式簿記では「現金（資産）が減った」一方で「物（資産）が増えた」と記録します。企業の取引における原因と結果、その2つを同時に記録するのが複式簿記です。

単式簿記では、借金は収入として記録します。現金が増えたことしか記録しません。これに対し複式簿記では「現金（資産）が増えた」一方で「借金（負債）も増えた」と記録します。

企業の利益は、売上（収益）からコスト（費用）を差し引いたものです。企業会計では現金の収支とは無関係に、売上やコストが発生した時点で記録します。これを発生主義といいます。

代金が1か月後に振り込まれる場合でも、商品を渡した時点で売上として計上し、1か月後に引落とされる光熱水費も、利用した月のコストとします。また、10年使える（耐用年数）100万円の機械を購入したとき、10年間、毎年10万円の費用として計上する減価償却や、30年後の退職金の支払いに備え、前もって分割して費用として計上する引当金などの仕組みがあります。これらも、収益と費用を、その発生した期間に正しく割り当てて計上するという発生主義に基づくものです。

▶▶ 家計簿から財務諸表へ

自治体でも地方公営企業等は企業会計です。遡れば、官庁でも創生期には企業会計を使っていました。しかし、明治22年（1889年）の会計法によって、今の官庁会計に改められます。その理由は簿記の簡略化であり、当時、最先端のフランス会計法を模倣したものといわれています。そのフランスは2006年から発生主義会計に移行しています。

図表60　企業と自治体の財務4表

企業の財務4表	自治体の財務4表
貸借対照表 損益計算書 キャッシュフロー計算書 株主資本等変動計算書	貸借対照表 行政コスト計算書 資金収支計算書 純資産変動計算書

国内では、2000年に総務省が自治体向けのモデルを初めて示し、2006年にはすべての自治体に対し、連結財務4表を作成するよう求めました。現在では、ほとんどの自治体で普通会計の財務4表だけでなく、特別会計や第三センターなどの外郭団体を含めた連結財務4表が作成されています。

①貸借対照表……資産、負債、純資産の状況
　自治体の持っている財産（資産）と、その資産をどのような財源（負債・純資産）で手に入れたのかを対照表示したものです。

②行政コスト計算書……収入と費用の状況
　資産形成に結び付かない行政サービスに要する経費と、そのサービスの対価として得られた収入を対比したものです。

③資金収支計算書……現金収支の状況

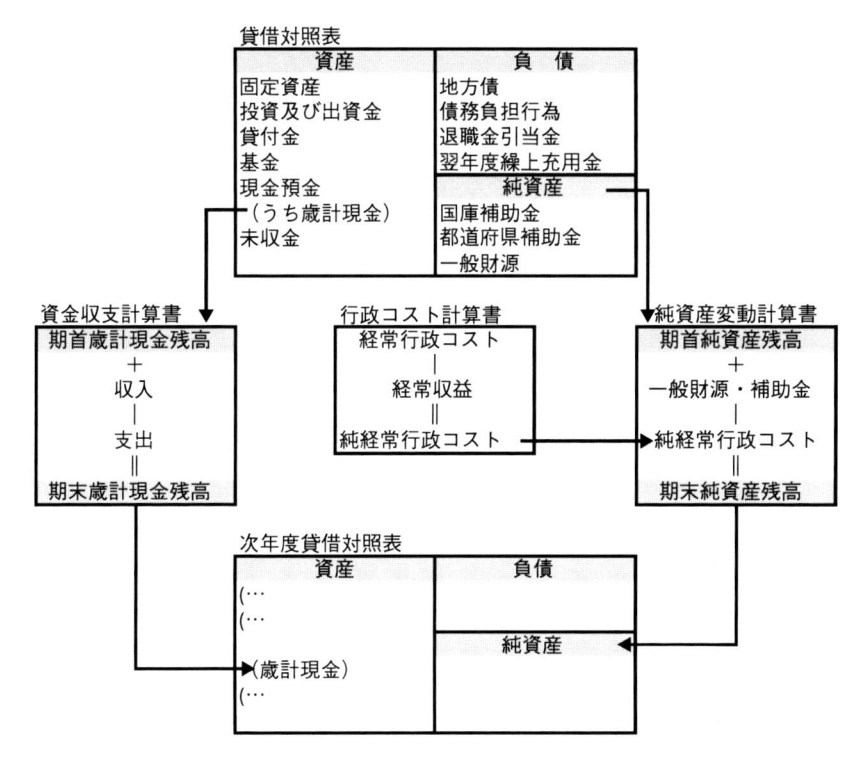

図表61　財務4表のつながり

```
貸借対照表
┌─────────────┬─────────────┐
│    資産     │    負債     │
├─────────────┼─────────────┤
│ 固定資産    │ 地方債      │
│ 投資及び出資金│ 債務負担行為│
│ 貸付金      │ 退職金引当金│
│ 基金        │ 翌年度繰上充用金│
│ 現金預金    ├─────────────┤
│（うち歳計現金）│   純資産    │
│ 未収金      │ 国庫補助金  │
│             │ 都道府県補助金│
│             │ 一般財源    │
└─────────────┴─────────────┘

資金収支計算書         行政コスト計算書        純資産変動計算書
┌─────────────┐    ┌─────────────┐      ┌─────────────┐
│期首歳計現金残高│    │ 経常行政コスト │     │期首純資産残高 │
│     ＋      │    │      │       │      │     ＋      │
│    収入     │    │  経常収益    │      │一般財源・補助金│
│     －      │    │      ＝      │      │     －      │
│    支出     │    │ 純経常行政コスト→   │ 純経常行政コスト│
│     ＝      │    └─────────────┘      │     ＝      │
│期末歳計現金残高│                          │期末純資産残高 │
└─────────────┘                          └─────────────┘

         次年度貸借対照表
         ┌─────────────┬─────────────┐
         │    資産     │    負債     │
         │ (…         ├─────────────┤
         │ (…         │   純資産    │
         │(歳計現金)   │             │
         │ (…         │             │
         └─────────────┴─────────────┘
```

歳計現金の出入りを経常的収支、公共資産整備収支、投資・財務的収支に分けて表示した者です。
④純資産変動計算書……純資産の変動の状況
　貸借対照表の「純資産の部」にある数値の変動を表すものです。
　しかし、総務省のモデル（基準モデル及び改訂モデル）は、将来的には複式簿記の導入をめざしているものの、決算に基づいて財務諸表を作成するため、その信頼性や比較可能性には課題があり、財務諸表の活用も進んでいません。一方、東京都は2006年4月から、複式簿記を取り入れた本格的な発生主義会計制度を導入しました。そして、複数の自治体がこれに追従しようとしています。
　世界に目を転じると、先進国で公会計に複式簿記・発生主義を導入していない国はドイツと日本だけです。導入国の多くは、国際公会計基準（IPSAS、国際公会計基準審議会が作成する公的部門の会計基準）を採用しており、経済活動のグローバル化とともに、日本もその対応を迫られています。

▶▶ 財務諸表の活用

　2014年4月、総務省は固定資産台帳の整備と複式簿記の導入を前提とした財務書類の作成に関する統一的な基準を示しました。そして、翌年1月には同基準のより詳細な内容等を記載した「統一的な基準による地方公会計マニュアル」を示した上で、原則として2015年度から2017年度までの3年間で統一基準による財務書類等をすべての地方公共団体において作成し、予算編成等に積極的に活用するよう要請しました。
　今回の要請がこれまでと違うのは、財務書類の作成手順や資産の評価方法、固定資産台帳の整備手順、連結財務書類の作成手順を示しただけでなく、事業別・施設別のセグメント分析をはじめとする財務書類の活用方法等を示した具体的なマニュアルを公表したことです。
　「これまでどおりでいい」という人を説得し動かすには、行政評価の創成期がそうであったように、活用して見せるしか方法はありません。
　「統一的な基準による地方公会計マニュアル」では、具体的に次のよ

うな活用方法が示されています。
①財務指標の設定
　貸借対照表を作成することで、有形固定資産のうち償却資産の取得価額等に対する減価償却累計額の割合を算出し、資産老朽化比率として把握することができます。学校や保育所といった個別施設ごとの資産老朽化比率を算出すれば、老朽化対策に優先順位をつけることができます。
　また、将来負担比率が低くても資産老朽化比率が高ければ、老朽化対策が先送りされている可能性のあることがわかります。
②適切な資産管理
　固定資産台帳に記載されている公共施設等の耐用年数や取得価額等の情報を活用することにより、将来の施設更新必要額を推計することができ、公共施設等の更新時期の平準化や総量抑制等を図るための適切な更新・統廃合・長寿命化を行うことにつながります。
③予算編成への活用
　施設建設計画時において、建設前に施設別行政コスト計算書を試算して、建設費用だけでなくランニングコストもふまえた議論を行うことができます。また、直営の場合と民間委託の場合でそれぞれ試算した事業別・施設別の行政コスト計算書を比較して、民間委託の検討に活用することができます。
④施設の統廃合
　施設別の行政コスト計算書を作成することにより、利用者1人当たりのコストを把握することができます。例えば、同類型の個別施設のデータを比較すれば、どの施設が高コストなのかが一目瞭然となります。
⑤受益者負担の適正化
　事業別・施設別の行政コスト計算書を作成することで、減価償却費や退職手当引当金等も含めた利用者1人当たりのフルコストを算出し、使用料・手数料等の改定時の基礎データとすることができます。
⑥行政評価との連携
　行政コスト計算書は、一会計期間における減価償却費や退職手当引当金等も含めたフルコストを計上するため、事業別・施設別の行政コスト計算書により、フルコスト情報に基づいたより精緻な行政評価が可能と

図表62　分析の視点と指標

分析の視点	指　　標
資産形成度	将来世代に残る資産はどのくらいあるか ○住民一人当たり資産額 ○有形固定資産の行政目的別割合 ○歳入額対資産比率 ○資産老朽化比率
世代間公平性	将来世代と現世代との負担の分担は適切か ○純資産比率 ○社会資本形成の世代間負担比率 　（将来世代負担比率） ●将来負担比率
持続可能性 （健全性）	財政に持続可能性があるか （どのくらい借金があるか） ○住民一人当たり負債額 ○基礎的財政収支 ○債務償還可能年数 ●健全化判断比率
効率性	行政サービスは効率的に提供されているか ○住民一人当たり行政コスト ○行政コスト対有形固定資産比率 ○性質別・行政目的別行政コスト
弾力性	資産形成を行う余裕はどのくらいあるか ○行政コスト対税収等比率 ●経常収支比率 ●実質公債費比率
自律性	歳入はどのくらい税金等で賄われているか （受益者負担の水準はどうなっているか） ○受益者負担の割合 ●財政力指数

○財務諸表による財務指標　　●従来の財務指標

なります。

⑦人件費等の按分基準の設定
　通常、事務事業費とは別途計上される人件費や減価償却費、地方債利子等を各事務事業に適切に按分することで、より正確なコストによる精緻なセグメント分析を行うことができます。

⑧住民への公表や議会での活用
　歳入歳出決算を議会の認定に付する際、財務書類を提出することにより、議会における自治体の財務状況に関する審議を深めることができ、議会審議の活性化につながります。

⑨地方債IRへの活用
　財務諸表によって、地方債発行自治体の財務状況を投資家にわかりやすく説明することができ、IR説明会の基礎資料として活用することで、地方債の信用力の維持・強化を図ることができます。

⑩PPP／PFIの提案募集
　セグメント分析を活用した予算編成や行政評価等によってPPP／PFIの導入が進みます。また、固定資産台帳を公表することでPPP／PFIに関する民間事業者からの積極的な提案につなげていくことができます。

　このように、財政のマネジメント強化のため、財務諸表を予算編成等に積極的に活用すれば、自治体の限られた財源をもっと賢く使うことができるのです。

COLUMN・⑦
貧困の連鎖

　「貧困」には「絶対的貧困」と「相対的貧困」の2つがあります。
　絶対的貧困は、1日の所得が1.25ドル（年間約4万5千円）未満で生活する状態のことで、発展途上国の貧困状態を示すのに使われます。
　一方、相対的貧困は、手取りの世帯所得の中央値（平均値ではない）の半分、日本では単身世帯で年間約122万円、親子2人世帯で同173万円、親子4人世帯で同244万円を下回る状態をいいます。
　厚生労働省の「国民生活基礎調査」（2014年7月）によると、日本の相対的貧困率は過去最高の16.1％に達し、OECDの報告では加盟34か国中、第6位でした。さらに、その推移をみると、調査を開始した1985年から貧困率は12.0％から16.1％、子供の貧困率は10.9％から16.3％へと増え続けています。中でも母子家庭など「ひとり親世帯」の貧困率は54.6％で、OECD加盟国中最下位でした。
　一方、内閣府が毎年実施している「国民生活に関する世論調査」で、自らの生活水準を「中」とした回答が9割を超えており、「総中流意識」が30年以上経った今でも、依然として続いていることがわかります。
　貧困層の子供は相対的に学力、体力が低く、非行・不登校が多いばかりか、児童虐待に遭う率も高いといわれています。深刻なのは、そうしたハンデが大人になっても付きまとい、さらに世代を超えて、その子供に引き継がれてしまう「貧困の連鎖」の問題です。
　格差社会は、結果平等から機会平等へ、年功主義から実力主義へ、努力すれば報われる社会なはずでした。しかし実際は、生まれた家庭の経済状態によって、子供の将来が決まってしまうのです。
　国は2013年、「子どもの貧困対策の推進に関する法律」を制定し、子供の将来がその生まれ育った環境によって左右されることのないように、教育の支援、生活の支援、就労の支援、経済的支援等を行うとしました。
　しかし、一番の問題は日本人が未だに「総中流意識」を持ち、「今のままでいい」と思っていることです。子供たちが夢と希望を持って生きることのできる社会を実現するには、まず、経済的格差と貧困の実態を知り、「今のままではいけない」と気付くことです。

第8章
財政担当の仕事術

8-1 ◎…財政担当の3方向の交渉

▶▶ 上司・同僚・事業課との3方向の交渉

　財政担当は「予算を握っている」と思われていますが、実は違います。予算を握っているのは、もちろん、首長です。
　図表63は、財政担当を中心とした情報、意思決定の流れを示したものです。財政担当（財政課）である皆さんには3方向に交渉する相手がいます。
　上司、同僚、各部局の財政担当（または事業課の担当職員）です。
　財政担当は、各部局の財政担当とともに、上司を通じて予算を握っている首長に「YES」「NO」と判断を求めるのが仕事です。
　もちろん、「NO」ということもあります。

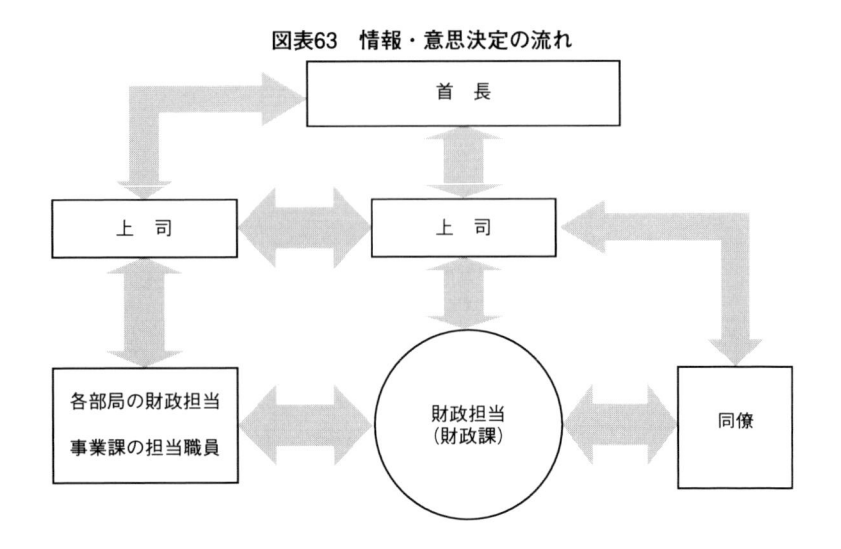

図表63　情報・意思決定の流れ

施策の選択と集中をしなければ立ち行かない財政状況の下で、予算は「付ける」ばかりではありません。予算を「付けない」という判断は重要な判断ですし、「なんで予算を付けないの？」という議会や住民の問いに答える責任は、予算を付けたときよりずっと重いものです。きちんと説明するためにも、3方向の交渉を通じて議論を深めておく必要があります。
　予算が付いても、付かなくても、無駄な議論などありません。

▶▶ 事業課との交渉には自分の意見を持つ

　交渉とは、相手に自分の意見を通す、認めさせることです。しかし、交渉は相手のあることなので、全部が全部、自分の思いどおりに運ぶわけではありません。相手の要求をよく聞き、同意できる点、同意できない点を分けて整理します。
　そのためには、皆さん自身が自分の意見を持たなくてはなりません。
　自分の意見がないと、上司や同僚との交渉でも自分の意見を述べることができず、上司や同僚の意見を丸飲みすることになります。それが事業課の要求に沿ったもの、つまり、予算を付けるという結果ならまだしも、そうでないときでも、それを事業課に説明するのは財政担当である皆さんの仕事です。そんなとき、
　「上司や同僚が○○と言ったから」
　これでは、ただのメッセンジャー。とても財政担当とは呼べません。
　合意できる点が多ければ、譲歩案を提示して交渉を続けます。
　「□□の部分について予算化できるよう上司を説得しましょう」
　「△△を条件に予算化できるよう調整しましょう」
　反対に、合意できる点が少ないときは、問題点が整理されたことを成果として、いったん交渉を中断しましょう。自分の意見が首長や上司の方針と相違していないか、同僚に受け入れられる意見かどうか、確認する必要があるからです。
　何より、再考する時間を稼ぐことができます。

▶▶ 同僚との交渉は譲歩して協調する

　財政課では、A職員は総務部と環境部、B職員は建築部と教育委員会というように、それぞれ担当部局の予算を預かっています。課の中では担当部局に代わって議論するわけですから、同僚とは利害が対立する間柄です。一方、全体調整を行うという点では一致して仕事をしなければなりません。

　各部局の予算要求額は想定している予算総額を上回るのが普通です。したがって、どの部局のどの事業に予算を付けないか（削減するか）が交渉の中心となります。部局の枠を超えて優先順位を付けるのですから、他の財政担当の担当する事業に踏み込むことになります。縦割り社会といわれる役所の中で、他人の仕事にずけずけ踏み込むことは珍しく、なかなか経験できることではありません。

　しかし、それが財政担当の仕事なのです。もちろん、自分の主張を通したければ、同時に協調性を発揮しなければなりません。

　一方で主張しながら、一方では譲歩するのです。

　主張するには、「YES」と言えるような事業説明と熱意が必要です。そのためには、各部局の財政担当（または事業課の担当職員）の力を借りましょう。強力な味方になってくれるに違いありません。

　主張が通らなければ、譲歩ばかりすることになってしまいます。譲歩する際には、各部局の財政担当（または事業課の担当職員）に、予算が付かなかったことを説明しなければなりません。譲歩した上に、説明を求められる。踏んだり蹴ったりとは、まさにこのことです。

　しかし、最も迷惑なのは、予算が付き実施されるはずだった事業を心待ちにしていた人達です。もし、財政担当の力量の差で予算が付かなかったとしたら、納得できるはずがありません。

　財政担当は、ある時は各部局の代表となって議論しますが、その目的は部分最適ではなく全体最適を求めることです。議論の勝ち負けで最適解まで変わってはいけません。全体調整を行う財政担当の皆さんにはそのことを強く自覚してほしいと思います。

▶▶ 上司を上手に使う

　同僚にどうしても自分の主張を受け入れてもらえないとき、奥の手があります。上司である財政課長に自分の考えに同意してもらうのです。財政課長は予算全体を調整するのが任務ですが、部局を代表しているわけではありません。公平な目で、必要な調整を行ってくれるはずです。
　財政課長に同意してもらうには、各部局の財政担当（または事業課の担当職員）の上司の力を借ります。
「難しい調整になっているようですが、よろしくお願いします」
　上司は必ず、担当である皆さんに状況を尋ねるでしょう。
　ここで「YES」と言わせるのです。
　この方法は財政担当である皆さんの評価を少し落とすことになるかもしれません。子供同士の喧嘩に親を引っ張り出したようなものだからです。しかし、自分の評価よりも予算や事業を優先したという覚悟を示したことで、反対に皆さんの評価が少し上がる可能性もあります。
　いずれにしても、どうしてもこの予算を付けなければならないと判断したときの切り札にとっておきましょう。

▶▶ 上司との交渉は決して諦めない

　上司は当然ながら立場が上です。
　そもそも対等の交渉にはなりません。
　しかし、そこは同じ組織の中にいて、同じ目標、目的を持った者同士ですから、話せばわかりあえるはずです。そう思って交渉しましょう。
「交渉なんて大げさな……と思うかもしれませんが、そんなことはありません。事業課の熱い思いとともに予算要求なり、事業計画を持っていくのですから、企画提案をプレゼンテーションするくらいのつもりで、上司との交渉に臨んでください。
　上司は、その上の上司や首長と交渉しなければなりません。そういう視点で、自分がもし上司の立場だったら、どう考えるかを考えましょう。
　想定される質問には、前もって答えを用意しておきましょう。

資料は最小限に、説明は簡潔に、要領よく行いましょう。
　優劣付け難い複数の事業があるとき、プレゼンテーションの上手な方が選択される。これは、ごく普通に行われていることです。
　決して、諦めないでください。
　上司にダメ出しされて諦めるくらいなら、最初から出さないほうがましです。事業の内容が悪いのか、説明が悪いのか、経験豊富な同僚に相談して味方にしてしまうくらいの意志の強さが必要です。
　伝える側の意志が弱いと、どんなことも上司には通じません。
　「事業課に説明させてしまえばいいのでは？」と思うかもしれませんが、これもダメです。なぜなら、上司がさらに上の上司や首長と交渉するとき、事業課の職員を連れていけないからです。第一、そんな仕事のやり方に上司が「YES」と言うはずがありません。
　上司を「YES」と言わせることができるのは他の誰でもない、財政担当である皆さんだけなのです。

▶▶ 現状維持バイアスを外そう

　上司には現状維持バイアスがかかっているのが普通です。現状維持バイアスとは、改革や変化に伴うさまざまなリスクを恐れるあまり、今のままでいいと思い込むことです。そういう上司が「YES」と言うときは、皆さんといっしょにリスクを背負って断崖から飛び降りるつもりで「YES」と言うのです。
　一蓮托生ですから、判断が慎重になるのは当然です。
　「足りないものはありませんか？」
　「首長を説得するのに、他にどんな資料を用意すればいいですか？」
　それでも「NO」だったとき。
　そこから敗者復活の交渉が始まるのです。
　諦めず、現状維持バイアスを外すに足りる材料を見つけましょう。
　皆さんなら、きっとできます。

8-2 ◎…効率的に資料を読み解くコツ

▶▶ WhyとWhomのない資料は読まない

情報を他人に伝えるときの重要なのが５Ｗ１Ｈ、「六何の原則」です。

Why　　なぜ必要なのか？
What　　何をするのか？
Where　どこで実施するのか？
When　　いつ実施するのか？
Who　　誰が実施するのか？
How　　どのように実現するのか？

さらに、企画書や予算要求資料に欠かせないＨがあります。

How much　（予算は）いくらかかるのか？

これで５Ｗ２Ｈになりました。

財政担当として一番気になるのは、最後の How much ですが、最初に読むのは Why です。値札を見てお買い得だから買う。必要のないものでタンスがいっぱい。そんな経験をお持ちの方も多いはずです。

必要のない事業にいくら予算をかけても、誰も喜びません。「確かに必要だ」と財政担当（財政課）を納得させる理由を書くのが企画書であり、予算要求資料です。したがって、Why の書かれていない資料は読む必要がありません。

必要性があっても喜ぶ人がいなければ、これもまた予算を使う意味が

ありません。税金の無駄遣いです。
　そこで、5W2Hに、もうひとつWを足してください。

Whom　誰に実施するのか？

　これで、6W2Hになりました。
　Whyと同様、Whomの書かれていない資料を読む必要はありません。
　How muchを読む前に、この2つをチェックすると、資料を効率的に読む（読まない）ことができます。

▶▶ 数字の裏付けのない資料は読まない

　「○○を導入すると△△が効率化されます」コンピュータシステムの導入などでよく使われるフレーズです。
　「効率化とは具体的に？」
　「これまで人間が計算していたものをコンピュータがやってくれるので、早いし、間違いないし……」
　いいことばかりのようですが、数字の裏付けが全くありません。
　数字の裏付けのない、説得力のない資料は読む必要がありません。
　「これまで120人月の仕事量があったのに対し、受付に24人月、データ入力に24人月、証明書の発行に24人月の合計72人月になり、職員の負担が48人月軽減されます。人間がやる限り、入力ミスの可能性はありますが、コンピュータがやると計算ミスはなくなります」
　このように、具体的な数字の裏付けがある資料を読みましょう。

▶▶ 分厚い資料は「概要版」をお願いする

　予算査定に限らず、仕事は常に時間との勝負です。
　伝えたいことがたくさんあるからといって、分厚い資料を作ったところで、まず、読まれることはないでしょう。内容がいくらよくても、読んでもらえなければ意味がありません。

分厚い資料には「概要版」を添付してもらいましょう。「概要版」を読んで、「確かに必要だ」と思ったら、分厚い本編を読めばいいのです。

▶▶ 予算を使って何がよくなるのかを読む

　資料を効率的に読むには目的を持つことです。
　財政担当は施策の取捨選択、予算を効率的に執行することが任務ですから、要求された予算を使って「何がよくなるのか」を読み取らなくてはなりません。これは、予算要求にとって欠くことのできない要素です。
　「何がよくなるのか」わからない資料なら、それ以上読むのは時間の無駄です。

▶▶ ノイズを消しながら読む

　企画書や予算要求資料は、課題・疑問⇒解決策⇒裏付け⇒必要な予算の内訳、というストーリーが流れています。そこで、不要な情報（ノイズ）を消しながら、実際にはマーキングしながら読みます。
　そうすると、課題が4つあるのに解決策が3つしかない、裏付けが抜けている、解決策と予算要求が合致していないなど、いろいろと見えてくるものです。不足しているところは事業課にお願いして補強しておきましょう。次は、皆さんの上司がこれを読み、使うことになるからです。
　「残りの部分は時間のある時に読んでください」
　そう言ってしまう説明者がいますが、それは「読まなくて結構です」と言っているのと同じです。読まなくていい資料は無駄（ノイズ）です。時間がないときでも「ここに○○の説明があるのでぜひ読んでくださいね」と言われれば、資料は無駄にならずに済みますし、説明する側も、される側も時間を節約することができるのです。

8│3 ◎…低い理想と早い妥協

▶▶ 仕事に完璧を求めてはいけません

「学力向上策の件で検討会議があるので、A事業とB事業を比較できるような資料を、〇月〇日までに頼むよ」
「わかりました」
　財政担当の仕事には必ず締切りがあります。したがって、いくら「いい仕事」をしても締切りに間に合わなければ０点です。
　一方、仕事には及第点があります。
　及第点を決めるのは、上司です。皆さんがいくら「いい仕事」をしたと思っても、上司に認められなければ、やはり０点です。
　そこで、仕事を始める前に上司から及第点を聞き出します。自分が、その仕事をどのように進めようとしているのか説明し、了解を求めます。これを怠ると、「そんなはずじゃなかった」「そんなことお願いしていない」といったトラブルの原因になるので注意しましょう。

▶▶ 使える時間は有限です

　及第点を聞き出すことに成功したら、あと何点とるかは、皆さん次第です。その仕事に「やりがいの種」を見つけたら、自分の時間を少し使いましょう。そうすれば「いい仕事」をしたという満足感が必ず返ってきます。
　「少し」しか使わないのは、時間が有限だからです。
　仕事に大きな理想を求めると締切りに間に合いません。繰り返しますが、締切りに間に合わないものは仕事ではありません。

いたずらに仕事を増やしてはいけません。公務員の仕事は、仕事を増やして利益を上げる企業とは違うからです。

早く仕事を終えて次の仕事に移るには、自分自身の中で「もう、ここまでにしておこう」という妥協が必要です。

▶▶ 途中経過を知らせましょう

決算統計や予算編成など長期間にわたる仕事については、途中経過、進捗状況を知らせる必要があります。

これを拒む上司は一人もいません。なぜなら、皆さんの仕事は上司の仕事、皆さんの失敗は上司の失敗だからです。

▶▶ 道楽にも限度があります

仕事以外にも「低い理想と早い妥協」理論は当てはまります。いくら時間を使ってもいい、趣味や好きなことに、いくらお金をかけてもいい、そういうことができるのはごく限られた人たちです。

庶民の道楽には限度があります。

それでも、趣味が仕事と違うのは、及第点と締め切りを自分自身で決められるところです。そこに「やりがいの種」を見つけたら、自分の時間とお金を「少し」投資しましょう。そうすれば「やりたいことが見つかった」という満足感が必ず返ってきます。

仕事と同じように、ここでも「少し」しか投資しないのは、自分の時間とお金が有限だからです。

いずれにしても、庶民の道楽には限度があります。「満足感」という利益を確定しながら少しずつ投資しましょう。

8│4 ◎…相手にしゃべらせる

▶▶ 相手の時間で進める

　予算査定の場面を想像してみてください。
　まず、「査定」という二文字が上位の者が下位の者を品定めするような印象を与えています。予算査定は本来、要求の内容を調査、決定するのが目的なのに、財政課と各部局の担当者との対決の場、それもお金を握っている財政課のほうが圧倒的に有利な状況の中で、財政担当である皆さんは時間割を作って各部局の職員を査定室ないし会議室に紙一枚で呼び出します。皆さんにそうした気持ちがあってもなくても、相手の職員は必ず、「呼び出された」「完全にアウェイだ」と思うものです。
　「時間をとっていただいて、ありがとうございます」
　「ご無理を言って申し訳ありません」
　「ご足労をおかけして申し訳ありません」
　こうした言葉を掛けることで、この会議が対等の議論の場であることを印象付けます。
　査定に限らず、ヒアリングと称するようなものを実施する場合は、自分の時間だけでなく、相手の時間も使っているということを意識しなければなりません。

▶▶ 聞き上手は好まれる

　各部局の担当者と話をする場合は、たいてい財政担当である皆さんよりも各部局の担当者の方が、情報量が圧倒的に豊富です。そんなときに中途半端な知識を披露しても、それは時間の無駄というものです。

聞き上手になりましょう。そして、情報を得るだけでなく相手の知恵を引き出すのです。
「○○について教えてください」
「○○について勉強させてください」
こう尋ねられて悪い気になる人間は、まず、いません。ポイントは、相手に気持ちよく話させることです。
メモをとる。
うなずく。
あいづちを打つ。
「いいですね」
「なるほど」
「すごい」
「そんな方法もあったんだ」
相手が話しているときは、よほどのことがない限り、話を遮ってはいけません。少々遠回りでも、全部、聞きましょう。
聞いているという姿勢が大切なのです。
もちろん、知恵を出していただいたのですから、最後は、
「ありがとうございました」
で締めくくります。
聞き上手になるのは、喋り上手になるよりもずっと簡単です。

▶▶ 常に先手をとる

「○○のところをもう少し詳しく教えてください」
こう尋ねることができたら、もう皆さんのペースです。自分の知りたい情報や知恵をいくらでも引き出すことができます。もっとも、相手の知っている情報、持っている知恵が上限に達したら、それ以上出てくることはありませんが……。
「○○はどうなんでしょう？」
と、相手から手を渡されることがあります。
こうしたときは、中途半端に答えず、

第8章 財政担当の仕事術

「あなたはどう思われますか？」

と、同じ質問を返します。もし、ここで皆さんが自分の意見を述べ、相手が質問する側に回ったら、情報や知恵を引き出すことができなくなってしまうからです。

　聞き上手は聞き出し上手。秘訣は常に先手をとることです。

　したがって、相手の話を否定してはいけません。

　「もうこの人とは話したくない」と思われたら、負けだからです。

▶▶ 引き分けだから続く

　「もっと教えていただきたいのですが、残念ですが時間がありません」

　「○○について、いい情報があったら教えてください」

　「機会があったら、○○についても聞かせてください」

　クロージング（締めくくり）の言葉も大切です。感謝の言葉に「封じ手」を添えます。

　「封じ手」とは、「この次もお願いしますね」というサインです。

　このサインによって、予想もしない情報や知恵が入ってくることもあります。要するに気持ちよく別れることです。

　財政担当の仕事は各部局の職員と目標を1つにして、それを達成することです。各部局の仕事なくして財政担当の仕事はあり得ません。したがって、議論に勝つ必要もありません。勝って隷属させようとしても反発を買うだけで、成果を上げることなどできないからです。引き分けだから後に続くのです。

8-5 ◎…できないことには NOと言う

▶▶ ポテトはいかがですか

「ご一緒にポテトはいかがですか？」
「NO」と言えず、処分もできず、体重計に乗ってため息をついた。
「食後にコーヒーか紅茶はいかがですか？」
「NO」と言えず、まずいコーヒーに悔んだこともあるでしょう。
　しかし、財政担当である皆さんが「NO」と言えず、「YES」と言い続けたら、予算はどんどん膨らんでしまいます。いいえ、「NO」と言わなければならないときのほうが圧倒的に多いはずです。なにせ、財政は厳しいのですから。

▶▶ 話だけ聞くのも大事な仕事です

「それは、たいへんですね」
「相談してくれて、ありがとうございます」
　先方は打つ手が他になく、皆さんを頼って相談に来てくれたのですから、門前払いはいけません。かといって、予算の話は話だけ聞いて「NO」という結論になる可能性が高いわけですから、それを示唆する必要があります。
「ご存じのように財政状況が非常に厳しいので、即答しかねます。お話をお聞きするだけになってしまうかもしれませんが、それでも構いませんか？」
　アポイントメントの電話の際に、あらかじめ断っておきましょう。
　財政状況の厳しいことはほとんどの職員が知っていますし、財政課が

第8章　財政担当の仕事術

二つ返事で「YES」と言うことなどない、そんなことは百も承知です。議会や住民との狭間で、自分たちが苦労していることを知ってほしい、一緒に考えてほしい。それが本音なのです。

ですから、この本音を聞き出しましょう。

先方の要求が「お金がほしい」から「一緒に考えてほしい」に変われば、しめたものです。

なぜなら、人は「お金がない」ことを理由に、しばしば思考停止状態になるからです。お金で解決するのは簡単です。「予算がないからできない」と住民に話すのも簡単です。しかし、仕事はそんなに簡単なものではありません。

お金がなくても解決できる方法を考えましょう。

そうでなければ、議会や住民にどうやって「NO」と説明するのか考えましょう。これは財政担当にとって、予算を付けるときよりも重要な仕事です。

▶▶ 申し訳ないと思わない

思わないようになるには、訓練が必要です。ファストフード店やレストランで「NO」と言ってみてください。2〜3度やると慣れてきます。しかし、くれぐれも財政の仕事で訓練しないでください。

▶▶ できることを提案する

できないことを「YES」とは言えませんが、できることを「YES」と言うことはできます。できないことを「NO」と言うだけでなく、できることを提案してみましょう。

「補助金を出すことは難しいが、低利の融資制度をつくってはどうか」
「篤志家に寄付を募ってはどうか」
「………」

86 ◎…譲歩を引き出すテクニック

▶▶ ドア・イン・ザ・フェイス・テクニック

　交渉とは多くの場合、要求と譲歩の連続です。上手に譲歩を引き出すテクニックをご紹介しましょう。
　ドア・イン・ザ・フェイス・テクニックとは、初めに大きな要求をして「NO」と言わせ、次に小さな要求をすると「YES」を引き出しやすいというものです。相手には、こちらが譲歩したように見えるので「こちらも譲歩しなければ悪い」という心理が働くからです。
　予算査定の場合、要求するのは事業課です。財政担当である皆さんは事業課の大きな要求に「NO」と言った後、次の小さな要求に「さっきは申し訳ない」と思わず、「NO」と言うべきときは「NO」と言える勇気を持たなければなりません。
　事業課は、「どうせ査定で削られるんだから、数量だけ多くしておこう」という古典的なテクニックを使ってくる場合もありますが、水増しを見抜けないようでは、財政担当は務まりません。
　また、ここでご紹介するテクニックは、財政担当から事業課に対して、予算の削減を要求する場合などに使うことができます。

▶▶ フット・イン・ザ・ドア・テクニック

　フット・イン・ザ・ドア・テクニックとは、初めに小さな要求をして「YES」と言わせ、次に大きな要求をすると「YES」を引き出しやすいというものです。初めの要求に「YES」と言ってしまうと、「一度約束したことは守らなければ悪い」という心理が働くからです。

新規事業でいえば、モデル実施、地域限定、期間限定、数量限定、対象者限定などの条件付きで小さな予算を要求してから、少しずつ「限定」を外していく。時間を置いて、一定の評価を得ながら要求を拡大することもありますし、説明だけで拡大することもあります。
　予算査定の場合、要求するのは事業課です。財政担当である皆さんとしては、初めの小さな要求の段階で大きな要求になることを想定し、「NO」と言うべきときは「NO」と言わなくてはなりません。仮に「YES」と言う場合でも、「○○年までに□□を達成できなければ撤退する」とか、「○年限り」というように事業の終期を決めるサンセット方式の採用など工夫が必要です。

▶▶ ローボール・テクニック

　この「一度約束したことは守らなければ悪い」という行動の一貫性を利用したテクニックの1つにローボール・テクニックがあります。これは、初めに好条件を示して「YES」と言わせ、不利な条件を後出しするというもの。
　詐欺のような手口に見えるかもしれませんが、財政担当である皆さんも事業課の職員もみな善人です。「何とかしてあげたい」という感情が先に立ってしまい、よほどの悪い条件でない限り、「NO」に覆ることはないというのですから、人間の意志は弱いものです。とくに、財政担当と事業課の職員の間で良い人間関係が築かれていればいるほど、「何とかしてあげたい」と強く思ってしまうので、注意しましょう。
　このローボール・テクニックに対抗するには、すぐに「YES」と言わないことです。冷静になってみれば「約束（条件）が違う」ことに気が付くことができます。
　「その条件では申し訳ありませんが、白紙に戻して最初から考え直しましょう」
　きっぱり断った皆さんに、「今日中に返事（判断）しないといけない」と即断を迫られることがあります。しかし、これも相手の判断を鈍らせる典型的なローボール・テクニックなのです。

▶▶ 希少性の原理

　タイムセールや期間限定販売に弱い人間の心理につけこむ方法です。
「今だと国庫補助金の枠が残っています」
　そういう甘い言葉に乗せられて、予算を付けてしまうことは、ごく普通に行われています。
　しかし、国庫補助金も自治体の一般財源も、源は同じ税金です。補助金をもらったら得、もらわなかったら損という勘定は成立しません。財政担当としては、国庫補助金が来年度以降も存続するか、しないかを尺度にする前に、国庫補助金の対象となった事業そのものの必要性、優先度などを比較、判断すべきです。
　国庫補助金は一例ですが、どうやら、人間は得るものよりも失うもののほうが、価値が高いと感じてしまうようです。

▶▶ 単純接触の原理

　会う機会が多いほど親近感が湧くという心理です。
　諦めずに何度でも交渉に出かけましょう。
　仕事だからといって、メールで済ませてしまっては、「心」まで届きません。
　交渉相手との距離を縮めるため、ときには仕事以外の話もしましょう。例えば、相手との共通の話題を探します。人間は自分と共通点を持つ人に、より親しみを感じるからです。
　さらに、自分のプライベートな話をすると、相手もプライベートな話で返してくれる「返報性」のあることが知られています。過去の失敗談や、今抱えている悩みなどを話題にし、相手に弱みを見せると、相手との距離は一層縮まります。

COLUMN・⑧

仕事を私事にかえよう

　1996年9月、東京23区に初めて共産党系区長が誕生しました。しかし、区長与党は少数（ねじれ議会）だったため、就任直後から三役人事を拒否されるなど、厳しい議会運営を強いられ混乱が続きました。
　その渦中の1998年4月、私は財政課長を命じられます。
　「貧乏くじ」と言われました。
　予算の否決、修正、専決、義務予算の執行など、法律に書かれてはいましたが、これまで読むだけだったことが次々と現実のものになったのです。全国の自治体から問い合わせもいただきました。
　互いの境遇を慰めあったこともあります。
　1年後の1999年4月1日未明、区議会が区長不信任案を可決。区長は区議会を解散しますが、選挙後、再び不信任案が可決され、失職。直後に行われた「出直し区長選挙」に出馬するも、元助役に敗れました。
　当たり前のことですが、首長を選ぶのは有権者であり、私たち職員は首長を選べません。反対に、首長は職員を選べません。また、首長が実現したいものを一緒になって実現するのが、私たちの仕事であり、首長は私たち職員を上手に使って、自分の目標を実現するのが仕事です。
　つまり、首長と職員は切っても切れない関係にあり、同一方向を向いていれば、どこにも負けない強固な組織を築くことができるのです。
　首長は選挙民である住民に仕えていますが、全身全霊を使って私事（わたくしごと）をしています。一方、私たち職員は首長に仕え、その指示に従って仕事をしているだけです。私事をしている首長と、仕事をしている職員とが、いつまでも波長が合わないのは当然です。
　私事とは、自分のためにする、好きだからする、やりたいからする、やりがいがあるからする、誰かの役に立ちそうだからする、誰かを喜ばせたいからする「事」です。私たちの存在価値は住民の幸せにあります。だとすれば、「ねじれ議会」だからといって、施策の方向性や、求める成果までもが全否定されるものではありません。
　仕事を私事にかえましょう。全部とはいいません。一部でも私事にできれば、必ず首長と共鳴することができるでしょう。

第9章
財政担当の心得

9-1 ◎…仕事に対する スタンスを持つ

▶▶ 何のために働くのか？

「生きるため」ですか？
財政担当になった皆さんなら、そうは答えないでしょう。
「生きるため」以外に、もっと大切な理由があるからです。
なぜ、公務員になったのですか？
「安定しているから」ですか？
いまどき、公務員志望の学生でも、そうは答えないでしょう。
民間企業も社会の構成員として、その成長に大きな役割を果たしています。しかし、公務員の仕事は社会を構成する住民一人ひとりの生活に直接つながる仕事です。民間企業のように、その成果（利益）に応じて報酬が上がるわけではありません。
したがって、「生きるため」の報酬は、公務員の働くためのインセンティブにはならないのです。住民の幸せのために働き、自分で自分にご褒美をあげる、これが公務員です。
同様に、「この会社に入って、うんと大きくしてやる」というスタンスは民間企業では成立しますが、公務員の世界では成立しません。むしろ、「小さな政府で大きなサービスを提供する」というスタンスが成立するのです。

▶▶ 仕事に対するスタンスのヒント

財政担当である皆さんに、ぜひ持っていただきたいのが仕事の対するスタンス（姿勢、基本的な考え）です。スタンスは皆さんがさまざまな

場面で判断する際に「よりどころ」になるものです。

そのスタンスを決める上でヒントになるのが、次の公務の特性です。

①公益性と非営利性…それゆえ、コスト意識が希薄になりがちです。
②公平性と中立性…それゆえ、前例踏襲に流され、融通が利きません。
③独占性…それゆえ、創意工夫がないがしろにされます。
④権力性…それゆえ、威圧的で態度が悪いです。

例えば、「常にコスト意識を持って臨む」というのは、財政担当である皆さんにとって立派なスタンスになります。

「コストは削減しても理念までは削減しない」

これは、私の環境部時代のスタンスです。

例えば、足立区の廃ペットボトルのステーション回収の例です。足立区では、専用車両の導入や、大型車両の採用、集積場所の複数化など回収コストの大幅な削減に成功する一方、あえてコストをかけ、回収した廃ペットボトルを国内唯一のリサイクル施設に搬入しています。同施設は国内で唯一、ボトル・トゥ・ボトルの理想的なリサイクルを実現する工場ですが、二度倒産しています。廃ペットボトルが市場相場の中で、高値で取り引きされることがあったからです。足立区は市場に左右されることなく、この施設を支え続けました。コストは削減しても国内でのリサイクルを貫くという理念までは削減しない、というスタンスです。

「ぶれない」

これは、私の財政課時代のスタンスです。財政担当である皆さんにもお薦めのスタンスです。仕事に関しては、部下も、上司も、同僚も関係ありません。同一条件なら相手が誰でも同じ答えを出すというスタンスです。これによって、皆さんの信頼は飛躍的に向上するでしょう。

「常にひとつ上を考える」

今がベストだと考えてしまっては、仕事に進歩はありません。民間企業なら、きっと競争に負け消滅してしまうでしょう。役所に競争がないからといって進歩もなくていいわけではありません。

「明日にしない」

財政担当の仕事は毎日、事件の連続です。今日やらずに積み残せば、明日、明後日になり、やがて手つかずのままになってしまうのです。ま

た、財政担当の仕事は生ものです。時間の経過とともに変質してしまうこともあります。「明日にしないで今日やる」こうした仕事の進め方もスタンスになります。

「評論家にならない」

　財政担当が評論家になるのは簡単です。当事者ではないからです。しかし、それで問題が解決するわけではありません。常に当事者意識を持つというスタンスは、財政担当にとって不可欠でしょう。

「前向きに考える」

　どんな提案にも現状への不満や課題があって、提案には担当者の知恵が詰まっています。無碍にせず、前向きに捉えたいものです。

「できないと言わない」

できない理由を探すのではなく、可能にする方法を探しましょう。

「効果にこだわる」

　正しいことを続けているのに効果が出ない、そんな事業もたくさんあります。正しい、正しくないではなく、効果がある、効果がない、これを評価するのが財政担当の役目です。

「休日には好きなことをする」

　そのためにも、平日に仕事を終えましょう。

「ありがとうと言う」

　財政担当は他の職員に動いてもらうのが仕事です。気持ちよく動いてもらうための潤滑油、それが「ありがとう」という言葉です。

「スピード感を持つ」

　事業の効果を上げるには、タイムリーに打つ必要があります。

「仕事を楽しむ」

　やっぱり、仕事は楽しくなくてはいけませんね。

「仕事を見える化する」

　仕事を楽しむためには、仕事の成果が見えなくてはなりません。数字にできるものは数字にしましょう。活字や絵になるものは残しましょう。

　スタンスは1つでも複数持っていても構いません。

　貴方は、どんなスタンスで仕事に臨みますか？

9│2 ◎…エリート意識を持つ・捨てる

▶▶ **エリート意識とは何か**

　エリートの語源はギリシャ神話の「エリシオン」に由来します。「エリシオン」は、神に選ばれた英雄だけが行くことのできる死後の楽園です。したがって、エリートという言葉には、「己を捨てて社会のために尽くす人」に対する敬意の念とともに、楽園に行けない人々の妬みが込められているのです。

　財政担当は、首長の政策、施策を具体的に実現するための予算のやりくりを任されており、その仕事が重要であることは誰もが認めるところです。首長から仕事を任されているという点では、どの部局の職員も同じなのに、「他の人とは違う」と考えるのがエリート意識です。

　本来、エリートはよい意味なのに、なぜ、小馬鹿にしたようなイメージが付いて回るのでしょう。それは、過去にエリートにふさわしくない振る舞いをした先達が存在したからです。

　また、エリートであっても、すべてのエリートが成功を収めるわけではありません。ギリシャ神話の英雄の中には、困難な冒険を成功させたり、怪物を倒したりして栄光をつかむ者が多かった一方で、己の力を過信し、神罰を受け破滅した者も多かったのです。

　「財政課のAは、各部局の財政担当や事業課の担当職員を呼びつけ、現場のことは何もわからないのに高飛車な態度で、的外れな指摘を繰り返す。無知で傲慢で鼻持ちならない奴だ」

　こんな陰口を叩かれないように注意しましょう。

▶▶ エリート意識を捨てる

「他の人とは違う」、そんなエリート意識なら、すぐに捨ててください。「己を捨てて社会のために尽くす」仕事は、皆さんにとって、とても重いはずです。

「財政担当だって、どんな担当だって、分担して仕事を負っているにすぎない」そう考えてみては、どうでしょう。

エリート意識を捨てて、もっと身軽になりましょう。そうすれば、周囲の目も違ってきます。

「今度、財政課に来たBは、私たちの話をよく聞いてくれる。一から説明するのは少々面倒だけど、一緒になって考え、時々、私たちが気付かない新鮮なアイデアを出してくれる。何より仕事していて楽しい」

こんな評判が立てば、立派です。

▶▶ エリート意識を持つ

誰にも解決できないような課題や、誰も手を出しなくないような課題に直面したとき、「どうせ私には解けない」と考えるのが非エリートで、「私ならできる、私に解けない課題はない」と考えるのがエリートです。

エリート意識を持って、困難な課題に挑戦しましょう。

「さっきは捨てろって言ったじゃないか！」と思うかもしれませんが、ときにはエリートになりましょう。自分自身の能力の限界を超えられないのは非エリートで、超えられるのはエリートだからです。

失敗を恐れていては、どんな課題も解決できません。

失敗の対義語は成功ですが、成功の対義語は失敗ではありません。

成功の対義語は「何もしない」「挑戦しない」ことです。失敗しても挑戦し続ければ、必ず成功することができます。ですから、成功と失敗は同義語なのです。

9|3 ◎…住民目線・市民感覚を忘れない

> **市民の良識とは**

　2009年5月から始まった裁判員制度は、国民が裁判員として刑事裁判に参加することにより、裁判が身近でわかりやすいものになり、司法に対する国民の信頼向上につながることを目的に実施されたものです。ここで裁判員に求められる資質とは、法的知識ではなく「市民の良識」です。どんな市民（失礼）にも「市民の良識」のあることが前提となっているのです。

　これに対し、裁判員は衆議院議員選挙の有権者の中から無作為に選ばれるため、良識を持った人だけが選ばれる保障はないと指摘する声があります。裁判に「市民の良識」が必要なら、プロの裁判官に「市民の良識」を身に付けさせればいいという意見です。

　もう、おわかりですね？

　プロの裁判官がいくら「良識」を身につけても、一般市民にとって、それは「法曹人の良識」であり、「市民の良識」ではないのです。裁判が閉鎖されたものである限り、両者の差を縮めることは不可能です。裁判員として市民が裁判に参加することによって、プロの裁判官に「市民の良識」のあることが立証され、あるいは、プロの裁判官に「市民の良識」が身に付くのです。

　この裁判員制度と同じように「市民の良識」を活用する先例として、検察審査会制度（1948年創設）があります。有権者の中から無作為に選ばれた11人の検察審査員が、検察官の行った不起訴処分の当否を審査する制度です。しかし、検察審査会が起訴相当・不起訴不当の議決をしても、なお実際には多くのケースで起訴されなかったことから、起訴議

決に法的拘束力を付与する法改正が、裁判員制度の導入と同時に行われました。

▶▶ 忘れてはいけないこと

このような司法のケースと違って、行政への市民参加はかなり進んでいます。自治体に限っていえば、首長は有権者の直接選挙によって選ばれます。首長の仕事は議会や委員会といった公開の場で議論され、チェックを受けます。さらに、情報公開制度や行政評価、パブリックコメントなど、市民が直接、行政に参加する機会も増えています。

しかし、それでもなお、一般の市民はこう思っています。

「政治家は選挙のために、役人は既得権益や虚栄心のために、役所は役所の論理のために、企業は利益のために働いている。だから、市民の良識を見失いやすい」

財政担当に限らず、私たち職員は常に、市民がこうした感覚を持っていることを忘れてはいけません。

役所の仕事に関係している人は、役所にもの申すチャンスはいくらでもあります。しかし、大多数のサイレントマジョリティの存在を忘れてはいけません。例えば、公共施設の利用者はいつでも苦情を言うことができます。公共施設のサービスは手厚いほどいい。利用料金は安いほどいい。しかし、その施設を利用しない、できない多くの住民がいることを、忘れてはいけないのです。

▶▶ 住民は統治の対象ではなく自治の主体である

「由らしむべし知らしむべからず」という有名な論語の一節があります。政治を行うには民衆に頼らせるべきで、いちいち説明する必要はない、「愚民政治」を意味するものだと解されています。

しかし、もともとの論語の意味は全く違います。

「民衆に意味もわからず頼らせるのは簡単だが、その意味をわからせるのは難しい」

民衆は眼前の利益に目を奪われがちです（と、思われています）。

だからこそ、天下を治める者は全体の利益を考え、施策の取捨選択を考える必要がありますが、このことを民衆に理解させるのは、なかなか難しいのです。特に、選択しないと決断した施策に関係を持つ民衆による「なぜ、私の既得権が守られないのか？」という反発は必至です。

ではどうすればいいのか？

「市民の良識」を信じて、粘り強く説得するしかありません。そして同時に、住民は統治の対象ではなく、自治の主体であることを住民自身に理解させなければならないのです。

どうしても説得できないとき、そんなときのために、天下を治める者は誠意を持って民衆を信頼せしめることを常套手段にしています。論語もそれを認めています。

天下を治める者と民衆の関係は、財政担当である皆さんと、各部局の財政担当や事業課の担当職員の関係に似ています。それは、「予算を付けられなかった」「予算を削った」ときに感じることができるでしょう。そのときのために必要なものは、「誠意」であり、互いの「信頼関係」なのです。

▶▶ 公務員は全体の奉仕者である

「すべて公務員は、全体の奉仕者であって、一部の奉仕者ではない」
（憲法15条2項）

これは、公務員が国民一人ひとりに奉仕せよ、といっているわけではありません。一部の国民の利益を謀るのではなく、国民全体の利益を考えよという意味です。

同様に、財政担当である皆さんは、自分や自分の担当する部局のことだけを考えてはいけません。その代弁者になってもいけません。自治体全体の利益を考えて判断し、行動すべきです。

94 ◎…現場主義に立つ

▶▶ 三現主義とは

　財政担当の解決すべき問題や課題は、役所の中にあるわけではなく、まして机の上にあるわけでもありません。常に現場で起こっているのです。現場で何が起こっているのか、困っていることは何か、解決する方法は何か、問題の本質を見極めるには、自分の目で確かめなくてはりません。それが「現場主義」です。
　この「現場主義」は、次の３つの要素に分けられます。
　①現場に行く
　②現物を見る
　③現実を知る（分析する）
　これを「三現主義」と呼んでいます。
　皆さんがどんなに経験を積んだベテランであっても、その経験だけで判断していけません。机上の推測で判断すると、リスクが大きいことを知りましょう。各部の財政担当者や事業課の担当職員の話だけで判断してもいけません。
　決して、すべてのことを疑っているわけではありません。
　違った目で見ると、今まで見えなかった真実が見えてくるからです。皆さんなら、問題や課題を現場から離れた俯瞰的な視点で見直すことができ、自分が持つ知識や経験を活かすことができるかもしれません。また、現場の権限を超えた解決策を提案することも可能です。
　さらに、現場、現物、現実に裏打ちされた理論は貴重です。現場を知った上での発言には重みがあり、説得力が出てきます。各部の財政担当や事業課の担当職員からも共感と支持を得られやすくなり、現場のモ

チベーションも向上します。問題の発生しているのが現場なら、それを解決するのも現場の力です。現場のモチベーションを高く保ち、現場の力を引き出すのも、財政担当である皆さんの重要な仕事なのです。

▶▶ 現場でできること

　皆さんは初めて入る現場で何をどう判断し、行動しますか？
　もし、自分の知識や経験が浅かったり、古かったり、新しくても使えないものでは、現場は混乱するだけです。まして、皆さんの助言、指導が現場の考える意欲を低下させたり、細かすぎて、やる気を削いでしまっては何にもなりません。
　では、何ができるのか？
　予算というストッパーを解除し、解決策の選択肢を増やし、現場の問題解決意欲や改善意欲を高めることです。「お金を使うのは何がなんでも駄目」ではなく、少し投資してみて効果が確認できたら、もっとお金を使って、もっと大きな効果をねらう。これができるのは、財政担当の貴方だけです。
　ある住民課の窓口の例です。
　混雑する窓口を整理するため、（今ではあって当たり前なのでしょうが）番号札発券機を導入しようという意見が、現場から出されました。しかし、財政担当の最初の反応は冷たいものでした。
　「番号札発券機は他課からも要求されているので、住民課だけというわけにはいかない」「他に代替手段がある」「緊急性がない」、財政担当は、お金を使わせない理由をいくらでも並べることができます。
　議論の末、出した結論は、「役所で使う封筒に広告を掲載し、その広告収入で番号札発券機を購入しよう」というものでした。もちろん、「広告収入は使途の特定されない一般財源であり、特定の部や課のものではない」という意見もありました。
　事業課の担当職員は広告をとるために汗をかき、財政担当は前例を排し、新しい財政規律を調製するために奔走しました。そして、念願の「番号札発券機」を設置することができたのです。

95 ◎…論理的に物事を考える

▶▶ 仮説思考

病院に行くと、医師は患者の症状から診断を下します。
「○○病かもしれませんね」
そこで、それを確かめるために検査が行われます。
「検査の結果からすると○○病の疑いが濃いですね」
「□□薬を出しましょう。3日後に来院してください」
この中にはいくつもの仮説があります。

診断を下すとき、検査の種類を決めるとき、薬を選択するとき。そして、薬が効くかどうか、仮説が間違っていないかどうかを3日後に確かめようというわけです。

もし、「仮説」がなく、世の中にある病気をすべて疑ってかかれば、膨大な検査が必要です。何時間も、何万円も、かかってしまうでしょう。

このように、ある時点で考えられる「仮説」をもとに行動することを「仮説思考」と呼びます。

仕事には目標があって、それを早く達成するのが皆さんの仕事です。

目標を達成するにはいくつものアプローチが考えられますが、そのすべてを試してみるわけにはいきません。闇雲に行動するより、仮説を立てて行動した方が、お金や人、時間などを効率的に使うことができます。

仮説を立て、それを立証するための情報を集め、証明する。証明できそうもないときは仮説を修正する。このように仮説を作っていけば、仮説に説得力が出てきます。

この仮説思考において重要なことは、仮説の証明に時間をかけすぎないことです。なぜなら、私たちの仕事は、仮説が100％正しいことを証

明することではなく、目標を達成することだからです。少々遠回りだったとしても、眼前の課題を解決するのが先決なのです。

仮説を実行に移し、目標を達成できたとき、仮説は「法則」になります。仕事の中で同じ問題、課題に出会ったとき、この「法則」を使えば、すばやく問題、課題を解決することができます。

反対に、目標を達成できなかったとき、どうして仮説どおりに進まなかったのか、情報を集め検証します。そしてまた、新しい仮説を組み立て直すのです。

▶▶ 成長思考

仮説思考で陥りやすのは前例踏襲です。
「○○市でうまくいったから、うちでもうまくいくだろう」
「昨年までうまくいっていたのだから、今年もうまくいくだろう」
仮説も証明も全部「借り物」です。それで皆さんは満足ですか？
こんなとき、今よりもっとよい解決策が存在する、と考えるのが成長思考です。

どんな仕事にもベストな答えなど存在しません。私たちは、いくつかの選択肢のうちで一番よいもの（ベターなもの）を、限られた条件の中で、選択しているに過ぎないのです。

そして、何より問題なのは、ベストな答えだと思った瞬間に思考停止に陥り、自ら成長することを忘れてしまうことです。ベストを目指して日々、改善努力することによって、私たちは成長するのです。改善努力に終わりはありません。

▶▶ ゼロベース思考

財政担当の皆さんが直面する問題や課題は、前例踏襲や、前例を改善するだけで解決できるものばかりではありません。行き詰ったとき、過去の法則や、仮説を一度白紙に戻して考えるのが、ゼロベース思考です。

ゼロベース思考によって、思考の枠が広がり、新しい仮説、新しい解

決方法を生みだす可能性が出てきます。
　しかし、ゼロベース思考には時間と、改善努力以上の大きなエネルギー（意欲）が必要です。新しい情報を集めるため、各部の財政担当や事業課の担当職員に協力をお願いすることもあるでしょう。
　「今までと同じで、どこがいけないんだ」と、ゼロベース思考に拒否反応を示す職員も出てくるでしょう。
　拒否反応を示すのは職員ばかりではありません。特定の利害関係者の存在です。例えば、事業者に委託していた資源ごみの回収を、町会自治会による集団回収に変更すれば、事業者はたちまち仕事を失ってしまいます。
　しかし、それもこれも改善できない理由の1つにすぎません。
　改善できない理由を100個並べる時間があったら、一から考えてみましょう。そして、新しい仮説を組み立ててから、仕事を失う事業者のことを考慮するのです。いうまでもないことですが、一番に考慮しなければならないのは住民の利益です。職員や特定の事業者の抵抗を避けていては、ゼロベース思考は成立しません。
　まずは、自分の頭の中でゼロベース思考しましょう。それなら、職員も事業者も、誰も止めることはできないはずです。

▶▶ フレームワーク思考

　ゼロベースで物事を考えるとき、あれもこれも闇雲に考え出すと、収拾がつかなくなります。必要なことが漏れていたり、重複していたり、そのために無駄な労力や時間を割くことになりかねません。
　そこで、考えをまとめるための枠組み（フレーム）を使って、効率的、合理的に考えようというのがフレームワーク思考です。
　フレームには、次のような汎用のものがあるので、問題や課題に応じて使い分けるといいでしょう。
①空・雨・傘
　問題解決の基本的な3段階の思考パターンを示したものです。
　外出するとき、皆さんは空を見上げると思います。天気が気になるか

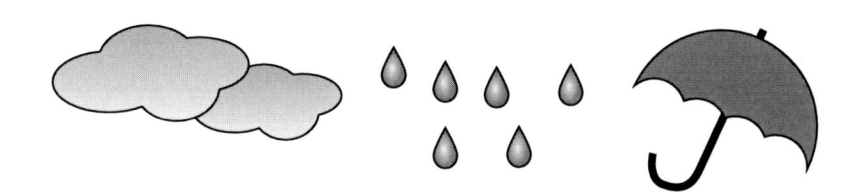

らです。すると、雲が広がっていました。「空」は、誰が見ても同じ事実を、自分の目で正しく確認する、情報やデータを集めるという意味です。

　そこで皆さんは、「空が曇っているから雨が降りそうだ」と考えます。あるいは、「この程度なら雨は降らない」と考えるかもしれません。解釈は人によって違いますが、「雨」は、確認した事実をもとに自分自身で分析し、解釈するという意味です。

　皆さんは「雨が降りそうだ」と解釈したので、折りたたみ傘を持っていくことにしました。持っていくのは傘ではなくレインコートかもしれませんし、「外出は中止して明日にしよう」という判断もあるでしょう。「傘」は、分析、解釈した結果をもとに判断し、行動するという意味です。

　この３段階の思考パターンは、問題解決の基本です。この空・雨・傘のうち、どれが抜けても問題解決のプロセスは成立しません。

　「空」が抜けた場合は事実のない架空の解釈と判断になってしまいます。「雨」が抜けると、判断に至る解釈の論理性、客観性がわからず、行動するときに必ず疑問が生じます。「傘」が抜けると、議論だけに終始してしまい具体的な行動に結びつきません。

　空・雨・傘の３段階を使って問題や課題を、抜けのないように整理しましょう。

②**緊急度・重要度マトリクス**

　このマトリクスは物事を、緊急度と重要度で４つの領域に区分するものです。日々の仕事の優先順位を決めるときや、施策や事業の優先度を決めるときに使うことができます。

　領域Ⅰが最優先であることはもちろんですが、問題はその次です。事

業課の担当職員は領域Ⅲを重視しがちです。現場では予想しない様々な事件が起こり、事業課はそれに的確に対応しなければならないからです。

だからこそ、財政担当である皆さんは領域Ⅱを重視しましょう。

危機管理やクレーム対応など選択の余地のない領域Ⅰがたくさん生じる状況は、実は領域Ⅱへの対応を怠っているからです。事が起きる前に用意周到な準備と計画があれば、領域Ⅰを減らすことができます。これは財政担当である皆さんの仕事です。領域Ⅰが減れば事業課の負荷は減り、領域Ⅲを最小限にする余裕も生まれます。

ネットや長電話などで過ごす無駄な時間（領域Ⅳ）があるなら、普段できない事業改善策の作成や維持可能な自治体を実現するための自己啓発、人間関係づくり、健康維持に充てましょう。

図表64　緊急度・優先度マトリクス

	緊　急	緊急でない
重要	＜領域Ⅰ＞ 緊急かつ重要 先送りできない最優先事項	＜領域Ⅱ＞ 緊急ではないが重要 すぐに問題とはならないので忘れがちな事項
重要でない	＜領域Ⅲ＞ 緊急だが重要ではない 時間があれば実施の可否を再検討すべき事項	＜領域Ⅳ＞ 緊急でも重要でもない 無駄にしている事項

③ロジックツリー

ロジックツリーとは、物事を分解して段階的に整理する技法で、木の枝が分かれていくようにみえることから、その名が付けられました。

「○○するためには？」というように解決方法を見つける場合は、「どうしたらいいのか」「何をするのか」というように分解していきます。

「○○なのはなぜ？」と原因を探る場合は、「なぜ？」「どうして？」を繰り返して分解します。

ロジックツリーは一般に3〜4階層で作成しますが、大きな事象（階層）から始めて、より細かな事象（階層）へ分析していくこと、同じ階層の中では事象のレベルを揃えること、重複せず、漏らさないことが重要です。

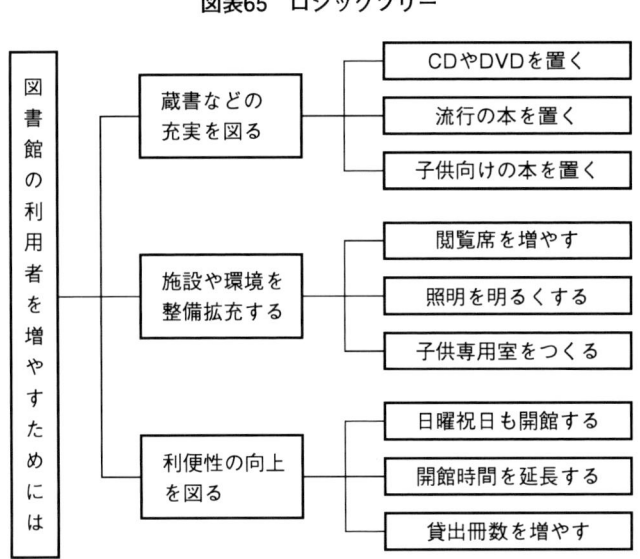

図表65　ロジックツリー

```
図書館の利用者を増やすためには
├ 蔵書などの充実を図る
│   ├ CDやDVDを置く
│   ├ 流行の本を置く
│   └ 子供向けの本を置く
├ 施設や環境を整備拡充する
│   ├ 閲覧席を増やす
│   ├ 照明を明るくする
│   └ 子供専用室をつくる
└ 利便性の向上を図る
    ├ 日曜祝日も開館する
    ├ 開館時間を延長する
    └ 貸出冊数を増やす
```

④ MECE（Mutually Exclusive and Collectively Exhaustive）

ロジックツリーを作成する上で重要な「漏れがなく、ダブりもない」ことをMECE（ミーシー）と呼びます。MECEを活用することによって、いま起きている事象の全体像を捉えることができ、的確な判断を下すことができるのです。

学校を、MECEを使って分類してみましょう。

小学校、中学校、高校、短大、大学、大学院……

漏れやダブりはありませんか？

学校教育法第1条によれば、「学校とは、幼稚園、小学校、中学校、高

等学校、中等教育学校、特別支援学校、大学及び高等専門学校とする」とされています。幼稚園、特別支援学校、高等専門学校が漏れていました。短大、大学院は大学の一種ですから、ツリーにする場合には、一度「大学」に大分類してから、次の階層で小分類します。

　学校教育法には、こうした１条校以外の規定もあります。専修学校と各種学校です。専修学校はさらに、高等学校相当の課程をおく高等専修学校と、短大または大学相当の課程をおく専門学校に分けることができます。各種学校は１条校と専修学校を除いたもので、学校教育に類する教育を行うものです。

　次に、図書館の利用者を増やす方法を考えてみましょう。

　開館時間を延長する。蔵書数を増やす。閲覧席を増やす。流行の本を置く。子供向けの本を置く。講演会などのイベントを実施する。開館日を増やす。CDやDVDを置く。飲食をできるようにする。女性向けの本を増やす。電子ブックを置く。学習スペースをつくる。日曜・祝日も開館する。全面禁煙にする。ネットで蔵書の確認ができるようにする。子供専用のコーナーをつくる。図書館司書を配置する。利用者アンケートをとる。自動貸出機を入れる。駐車場を設ける。照明を明るくする。図書館を増やす。学校の読書教育を強化する。利用するとポイントがつくようにする。マンガを置く。ホームページで宣伝する。本の貸し出し予約ができるようにする。本のリクエストができるようにする。貸出期間を長くする。お薦めの本を掲示する。書架を低くして手が届くようにする。コピー機を置く。貸出返却が自宅からできるようにする。貸出冊数を増やす。トイレをきれいにする。喫煙コーナーを設ける。

　どんなツリーになったでしょう？

　ロジックツリーを描く中で、新しいアイデアが生まれることもあります。アイデアによっては矛盾するものも出てきます。お金のかかるもの、時間のかかるものもわかります。これらは、実施する優先度に影響します。

　ロジックツリーを使って、皆さんの抱えている課題や問題の原因を分析し、解決方法を考えてみましょう。

6 ◎…コミュニケーションを大切にする

▶▶ 攻撃的コミュニケーションと受動的コミュニケーション

　財政担当にとって、コミュニケーション能力は必須です。でも、それは、楽しくおしゃべりができることではありません。人づきあいが上手ということでもありません。

　人の話を聞く、理解できる、自分の意見を伝えることができる。これが、コミュニケーションの基本です。とくに、財政担当の皆さんには、自分の意見を伝え、理解してもらう力が必要です。なぜなら、最終的には相手に「YES」と言ってもらうのが仕事だからです。

　財政担当はその看板の大きさから、攻撃的コミュニケーションに陥りやすい傾向があります。

「遠慮してたら予算査定なんてできない！」

そう、考えていませんか？

「相手の言い分を聞いていたら切りがない」

「自分はいつも正しい」

「議論は常に勝たなくてはいけない」

「自分の主張を通すのが自分の仕事だ」

これでは、とても「YES」と言ってもらえそうにありませんね。

　一方、攻撃的コミュニケーションの反対、受動的なコミュニケーションはどうでしょう。

「自分の意見を遠回しにしか言えない」

「言いたいことが伝わらないといつも嘆く」

「白黒つけたがらない」

「自分で判断しない」

「言いわけが多い」
「議論を避ける」
こんな財政担当だったら、時間ばかりかかって結論は出ません。
これでは誰もついていけません。

▶▶ アサーション（アサーティブコミュニケーション）

　アサーション（Assertion）とは、「素直に自分の要求や意見を伝えること」です。攻撃的コミュニケーションにみられるような、自分の主張を押し通すことではありません。自分の要求や意見を、相手の立場を考えながら、誠実に、率直に、対等に主張することです。
　また、アサーションで出す結論は、対立する意見の間をとるとか、足して２で割るというようなものではありません。自分も主張するが相手の要求や意見も聞く。その結果、双方の知恵や力の相乗効果が生まれ、相互の信頼関係が構築できるのです。
「自分も間違えることがある」
「相手の言い分の中に同調できるところが必ずある」
「議論は勝負のためではなく、歩み寄りまとめるためにある」
「自分よりいい考えがあれば、それを支持するのが自分の仕事だ」
　攻撃的コミュニケーションには配慮も遠慮もありません。受動的コミュニケーションは遠慮ばかりで、結論がありません。アサーションには、遠慮はないけれど配慮があるのです。

▶▶ アサーションの4つのポイント

①誠実であること
　アサーションの目的は相互の信頼関係の構築にあります。したがって、自分にも他人にも、嘘をつかないことです。このとき重要なのは自分の心に耳を傾け、自分がどう感じているかを知ることです。自分の感情に蓋をすれば、必ず感情的になり、コミュニケーションは成立しなくなってしまうからです。

②率直であること

　言いたいことを言うのが「率直」なのではありません。言いたいことを言うだけなら、必ず「反発」に遭います。そこで、「○○するのを止めてほしい」と要求だけするのではなく、「私は△△と感じているから、○○するのを止めてほしい」と理由まで簡潔に具体的に、相手にわかるように伝えるようにします。

　このとき重要なのは、「私は」と自分を主語にすることです。

　「みんなが」「係が」というように、誰かを主語にすると主張がぼやけてしまいます。反対に「あなた」を主語にすると、相手に「批判している」と受け取られてしまいます。

③対等であること

　相手を見下したり、自分を卑下することなく、相手も自分も尊重した対等な態度をとりましょう。役職や立場に上下関係があったとしても、価値観に違いがあったとしても、人間としては対等であることを忘れてはいけません。

④自己責任をとること

　コミュニケーションは相手の反応がすべてです。言い換えれば、コミュニケーションの結果がよくても悪くても、その責任の半分は自分にあり、もう半分は相手方にあります。たとえ、主張してもしなくても、言えば言ったなりの、言わずに黙っているならそれなりの責任があるのです。

▶▶ レストランでのコミュニケーション

　レストランで、自分が注文した料理と違う料理が運ばれてきました。皆さんなら、店員さんに何と言いますか？

　「何やってんだよ、注文したのと違うじゃないか。すぐ取り替えろよ」

　これが、攻撃的コミュニケーションの例です。間違っていること、取り替えて欲しいことを伝えればいいのに、上から目線で怒ったり、「すぐ取り替えろ」とできそうもないことを要求しています。これでは、相手は感情的になってしまいますし、もし、そばに友人や同僚が座ってい

たら、皆さんの評価はうんと下がってしまうでしょう。
「注文したのと違うけど、こっちもおいしそうだから、まあ、いいか」
　受動的コミュニケーションの例です。店員さんに間違っていることを伝えないと、皆さんが注文した料理を他の客に出してしまうかもしれません。もし、皆さんが取り替えずに食べてしまったら、「私の注文した料理を食べたのは誰だ！」と、新たな問題が発生してしまう可能性があります。その責任も皆さんが負うことになるのです。
「忙しいのに申し訳ないけど、注文した料理と違います。取り替えてもらえませんか？」
　これが、アサーションの例です。店員さんも悪気があったわけではなく、忙しくて取り違えたんですよね、と相手の立場に配慮した上で、正当で実現可能な要求を出します。
「たいへん失礼しました。すぐに取り替えさせていただきます」
と返事が返ってくるはずです。注文した料理が他の客に出される前に、事態を収拾することができるかもしれません。まさに、「Win-Win」の結果になりました。

97 ◎…必ず1つは得意分野を持つ

▶▶ 得意分野を持つメリット

　世の中に何でもできるスーパーマンは存在しません。

　役所の中で輝いている人がいるとすれば、それは得意分野で仕事をしているからです。

　「この仕事なら、あの人だ」

　そう言われるようになれば一人前です。

　しかし、必ずしも得意分野に異動するとは限りません。

　そうです。偶然もあるでしょうし、個人の努力もあるでしょう。

　ところが、ひとたび得意分野を持つと、全く違う分野にも応用が利きます。自分の性格や適正、技量、仕事のやり方、進め方、人間関係などを習得・把握し、仕事のスタイルが確立するからです。

　得意分野があると仕事に自信が持てます。自信を持って仕事する人は他人に頼られます。他の人を助けてあげれば人間関係もよくなるのです。

　財政担当になった皆さんですから、すでに得意分野を持っているかもしれませんが、まだ持っていない方のためにヒントをお伝えします。

▶▶ 得意分野を持つには

　まず、成功した仕事のことを思い出してください。あのとき、あそこで、あれだけ頑張ったという分野が得意分野の第一候補です。そのとき、皆さんは何を担当していましたか？　企画、折衝、資材調達、労務管理、IT、財務、資料作成、広報、住民対応、議会対応──。

そうです。得意分野とは、まちづくり、福祉、教育といった政策・施策の分野ばかりではなく、仕事の中で使われるさまざまなスキル、仕事の領域も含まれます。これらは、どこに異動しても使えるスキルということで、ポータブルスキルと呼ばれています。

得意分野はないが、こうしたスキルならあるという方は、多いのではないでしょうか？

このポータブルスキルは、文字どおり「持ち運び可能なスキル」ですが、英語や簿記のように、その知識レベルが資格制度などによって客観的に証明されるスキルもあれば、洞察力や判断力、リーダーシップなど可視化できないスキルなどもあります。

皆さんが担当する分野に、自分の持っているスキルを使うことで、得意分野を持つことができます。ぜひ、試してみてください。

▶▶ 好きな順に仕事する

得意分野で仕事をすれば必ず、短時間で目標を達成することができます。もちろん、皆さんの仕事が得意な分野ばかりでないことはよくわかっています。だからこそ、仕事は好きな順にやりましょう。

これには諸説ありますが、仕事に「やらない」という選択肢がないのなら、皆さんが決められるのは、どの順に仕事をするかだけです。好きな順でも嫌いな順でも仕事は終わります。好きな仕事から先にやると嫌いな仕事が残ってしまうという人もいますが、残った仕事をやらないわけにはいきません。好きな仕事を先にすれば、得意分野を磨き、広げることができ、全く違う分野に応用を利かせることができます。

もしかすると、嫌いな仕事に応用が利くかもしれません。

何より、好きな順に仕事をすれば、モチベーションを高めることができるのです。

▶▶ 財政担当にお薦めのポータブルスキル

　財政担当である皆さんにお薦めのスキルがあります。それは、もちろん「財政」です。財政なくして自治体の仕事は進みません。財政なくして自治体の未来を語ることはできないからです。財政はどの部署に異動しても使えるポータブルスキルです。財政をポータブルスキルとして、どうか、さまざまな分野で活躍してください。

▶▶ 財政分野を極めるには

　財政を得意分野にするためには、学習が必要です。この本もそのために書いています。
（ここまで読んでいただいて、ありがとうございます）
　財政担当以外の職員に財政の話をする場合には注意が必要です。なぜなら、財政の話といえば、「当市の財政状況は……」など、だいたいお金のない話になりがちで、「どうせ、予算が厳しいという話なんだろう」と、構えられてしまうからです。そこで、「あなたの仕事は中期財政計画の○○に位置付けられていて、将来は……」という話をしましょう。これなら事業課の担当職員も耳を傾けてくれるはずです。今すぐ、中期財政計画を読んでください。
　自治体の政策は住民ばかりか、職員にもなかなか浸透していないものです（失礼）。そこで、基本構想、基本計画、分野別の個別計画に目を通しておきましょう。そうすれば、「この人はよく勉強している」と、現場との距離を縮めることができます。
　ハード部門を担当する方や、施設を抱えている方にお薦めなのは「公共施設等総合整備計画」です。少子高齢社会における公共施設の維持更新は現在の自治体の重要課題であり、最大の関心事だからです。
　財政分野を極めて、どうか、さまざまな場面で活躍してください。

98 ◎…固定観念を捨てる

▶▶ 混ぜればごみ、分ければ資源

　全国の自治体の中には、ごみを数十種類に分けて収集しているところがあります。捨てるものなどほとんどありません。このようなリサイクルを進めるには、ごみを分けて排出する住民、一人ひとりの協力が不可欠です。しかし、都市部ではなかなか思うように進みません。

　そこで、資源循環型社会を目指す足立区が実施しているのが、分けてから集めるのではなく、集めてから分ける、「燃やさないごみ」のリサイクルです。足立区の家庭から排出されるごみは、「粗大ごみ」「燃やすごみ」「燃やさないごみ」「資源ごみ（古紙・ビン・缶・ペットボトル）」の４種類に大別されますが、このうち「燃やさないごみ」と、「粗大ごみ」のうちの燃やさないごみを区内の処理工場に持ち込み、小型家電類、金属、ガラス、蛍光灯、プラスチック、陶磁器など18種類に選別、全体の約90％のごみをリサイクルしています。

　この「燃やさないごみ」のリサイクルによって、足立区は運搬、破砕、埋め立て等に要する費用を削減でき、区内に雇用が生まれました。まさに、一石三鳥の事業なのです。しかも、ごみの出し方は変更ありません。これは、「混ぜればごみ、分ければ資源」という固定観念を捨て去った例です。

▶▶ 固定観念という重石を捨てるには

　固定観念にはいいところもあります。固定観念はたくさんの経験の蓄積からできているので、その経験をもとにスピーディに結論を出すこと

ができるからです。これは素晴らしいことです。

　しかし、それは事業課の担当職員に求められる資質であって、財政担当には必要ありません。皆さんが直面するのは、これまで経験したことのない、あるいは経験したことがあっても、周辺環境や条件が大きく異なっているなど、抜本的な改革が求められている問題や課題なのです。これらを解決しようとするとき、固定観念は新しい考え方を阻害する最大の原因となります。

　前例踏襲にとらわれず固定観念を捨てる、その重要性は「ゼロベース思考」でも整理したので、ここでは、どのようにしたら固定観念を捨てられるのか、考えてみましょう。

①俯瞰的に捉える

　個別の事業から施策、政策、首長の方針というように、おおもとの思想に戻ってみましょう。そうすると、その事業が誰のために、何のために必要なのか、行政全体の中でどんな意味を持つのか確認することができます。個別の事業を俯瞰的に見ることによって、「あれ？」という発見が得られるのです。

②事業を否定してみる

　人には承認欲求があります。自分を肯定し、その存在を認めてほしいという欲求ですが、固定観念の否定はこの欲求と真っ向から衝突します。したがって、事業課の担当職員が自ら事業を否定することは、なかなかできません。しかし、財政担当の皆さんなら比較的容易にできるはずです。

　そこで、その事業を実施しなかったら、どんな不都合が起きるのか、起きないのか、シミュレーションします。口に出さず、頭の中でやれば大きな問題にはならないでしょう。そして、不都合がなければ、事業課の担当職員に理解を求めましょう。

③思い切って立場を変えてみる

　財政担当である立場を忘れて、住民／隣接市の住民、納税者／非納税者、利用者／非利用者、利害関係者／利害関係者に対立する関係者、というようなさまざまな立場に立って、事業を見直してみましょう。

④逆転させてみる

　分けてから集めるのではなく、集めてから分ける「燃やさないごみのリサイクル」は、まさに「逆転」の発想です。

⑤常識を疑う

　だいたい「役所の常識は非常識」と言われているくらいですから、非常識を覆せば、常識に戻ることがあるかもしれません（失礼）。

　1＋1＝2、1＋1＝10、いずれも正解です。

⑥情報を仕入れる

　本や新聞、インターネットなど、情報の仕入れ先はいくらでもあります。でも、そこに「解」はありません。「解」があるなら、さっさと真似してください。では、何のために、どんな情報を仕入れるのか？　固定観念を捨てるために、異分野の情報を仕入れるのです。

　皆さんが福祉分野の担当だったら、まちづくり、環境、教育、全く違う分野の情報を仕入れる。それもいいでしょう。でも行政の情報は固定観念の塊のようなものですから（固定観念を捨てるためには）役に立ちません。民間企業、それも大企業ではなくベンチャー企業、他国の情報などが役に立ちます。

⑦友達を増やす

　公務員なら他の市町村や都道府県の、できれば公務員以外の友達を増やしましょう。同じ種族（コミュニティ）の中にいたままでは、固定観念を捨てるのは難しいと思います。

⑧熟成させる

　1つのことにとらわれると、迷路に入ってしまって、なかなか抜け出せません。そういうときは考えるのを止めて、全く別のことを考えます。しばらくして戻ってみると、「なーんだ、そういうことだったのか」と、新しい考えが浮かんでくることがあります。

　日本酒やワインのように、仕事や思考も熟成するという例です。

　固定観念という重石を捨てて、前人未到の世界に踏み出しましょう。

　そこには、わくわくするような、新しい夢の体験が待っているのです。

COLUMN・⑨

給与明細書

　20年以上前、給料が今のように銀行振込みでなく現金支給だったころ。給料日になると母は決まって「今日はテキにするよ」と言って買物に出かけました。父は、「テキ」をバターと醤油で食べるのが好きでした。

　我が家の「テキ」は牛ではありません。母が買って来るのは豚。やりくり上手の母もさすがに嘘まではつけなかったのでしょう。だから「ビフテキ」ではなく「テキ」なのです。それでも、熱い肉汁の滴る「テキ」は我が家で最高のご馳走でした。いつもは帰りの遅い父も、そんな父を待つ母も、この日ばかりは家族全員で食卓を囲みました。

　やがて父の給料袋が厚くなり、私が「テキ」とビフテキの違いを知ってからも、なお給料日の「テキ」は続きました。これは後から知ったことですが、父は他界するまで給料袋を開けずに母に渡していたそうです。

　ところで、給与明細書を廃止する自治体が増えています。廃止しても端末を叩けば見られるし、必要ならプリントアウトすることもできます。紙の無駄、経費、時間の無駄。なるほど、たかが明細書なのかもしれません。電話会社や信販会社には、毎月の明細書の送付を断ると一定金額を割り引くサービスがあります。明細書が見たければインターネットでどうぞというわけです。しかし、給与明細書とそうしたものを一緒に扱っていいものでしょうか。

　給料日の「テキ」は母の父に対する感謝の印でした。現金支給から銀行振込みになって、その「ありがたみ」は確実に減りました。このうえ、給料配達人（？）の証である給与明細書までなくしてしまったら「ありがたみ」はゼロです。給料日は忘れられ、「テキ」も「ありがとう」という言葉もなくなり、給料配達人にかわって銀行ATMが感謝される。これでは働く意欲を持てというほうが無理です。

　役人の給料は血税。つまり、給料日は自分や自分の家族が、その血税で生活していることを実感できる唯一の機会なのではないでしょうか。

　「爾俸爾禄　民膏民脂　下民易虐　上天難欺」（なんじのほう　なんじのろくは　たみのこう　たみのしなり　かみんはしいたげやすきもじょうてんはあざむきがたし）（国史跡「旧二本松藩戒石銘碑」）

おわりに
（地方創生のヒントは一軒のカフェから）

知恵を出し汗を絞る企業
　少子高齢化、人口減少の影響を受けるのは、自治体だけではありません。大手フードチェーンが海外に活路を見出そうとしているように、外食産業はその影響をまともに受ける衰退産業です。
　しかし、黙って手をこまねいているわけではありませんでした。
　高齢化によって外出や調理が困難になる世帯が増加すること、高齢化の裏で実は単身者が増加しているが、単身者は調理するより安く簡便という理由から惣菜を買って食べる傾向が強いこと、仕事で忙しく調理する時間のない世帯が増加することなど、食生活の変化を確実に読み取って、弁当やデリバリーなどの中食市場を開拓したのです。そして、この中食を含む外食産業は、もはや衰退産業とはいえなくなっています。
　このように、利益を出さなければ社員の給料さえ払えなくなる民間企業は、情報を集め、それを分析し、知恵を出し、汗を絞っています。このことを、企業や社員の納める税金で働く自治体職員は大いに見習うべきでしょう。

どこにもない魅力・価値の提供
　そんなある日、東京・大阪をはじめ全国に60店舗以上のレストラン、カフェやスイーツショップを展開する株式会社バルニバービの社長、佐藤裕久氏にお会いしました。お話によれば、なんでも、駅から徒歩10分、既存のグルメマップでは圏外、信号がないと渡れない幹線道路に面し、日中でも人通りまばらな場所に、廃業した店舗を改装してレストランとカフェをオープンさせるというではありませんか。
　「千住（足立区）を選んでいただいたのは嬉しいのですが、とても人（客）が集まるとは思えませんね」
　私は地図を広げ、正直な感想を述べました。私は、千住に生まれ、土地勘にも自信があったからです。

「僕は、大阪・南船場や東京・芝公園など、決して人通りが多くない場所に多く出店してきました。普通ならできるだけ人通りが多い場所に出店したいと思うのだろうけど、僕の場合は逆です。僕らが街に新たな流れを作っていけばいいと思うから、人通りが少なくとも気に入った物件なら出店します」

自治体は、まちづくりに何年も、何億円もかけるというのに、佐藤氏は一軒のカフェから街を変えようというのです。

「目的意識を持ってわざわざ足を運びたくなるような店が僕は好きだし、そういう僕の感性にシンパシーを感じる人々が自然と集まってきてくれます。繁華街などは家賃も高いし、業態にもいろいろ制限があります。そういう物件は、僕らより資本力があり、規模を追求していく企業の方がうまくいきますよね。店ができたり、通行者の数が増えたりということではなく、よそ者がその街に何らかの思いでやって来て、その街とコミュニケーションを始める。旧来の文化とよそ者の文化とが溶け合って、初めて"街が変わる"と呼べるのではないでしょうか」

立地ではなく魅力、どこにもない価値の提供、佐藤氏の話の中に地方創生のヒントが見えたような気がしました。

空飛ぶ島「ラピュタ」

ところで、社名の「バルニバービ」は「ガリバー旅行記」の都市名に由来します。ガリバーは小人の国、巨人の国に続く三度目の旅で海賊に襲われ、漂流しているところを空飛ぶ島「ラピュタ」に助けられます。「ラピュタ」はジブリアニメの発想の元になったことで有名になりました。この「ラピュタ」に植民地として支配されていたのが、地上の都市「バルニバービ」でした。

「ラピュタ」には国王の住む宮廷があり、知識に長けた大勢の学者が暮らし、バルニバービでは、たくさんの実験が行われていました。しかし、その実験はキュウリから太陽光線を抽出する実験や人糞をもとの食糧に還元する実験など、実に馬鹿げたものばかりで、市民に役立つものは１つもなく、結果として豊かな国であったバルニバービを荒廃させ、人々を苦しめていたのです。

「物語の内容を思い出せば想像できるかもしれないけれど、要は"机

上の空論ではなく、実体を伴った真の飲食ビジネスを展開したい"という想いから命名しました。僕は"頭でっかち"な店にならないようにといつも戒めています。今も自分のことを飲食事業主だと感じたこともなければ、大志を抱いて戦略をあれこれ練ることもありません。"自分の感性に耳を傾け、この仕事に魂を込められるかどうか"でいつも判断しています」

幼いころ読んだ「ガリバー旅行記」(1726年刊) は、アイルランドの作家スウィフトが英国の政策や世情を批判、風刺したものだったのです。

「ラピュタは、古くは飛べない城の中の幕府や藩、現代における政府や自治体のこと。私たちも、頭でっかちになってはならない」

佐藤氏の話をお聞きしながら、改めて、そう思いました。

成果＝能力×モチベーション

さて、オープンしたカフェ、レストランの名称には（イタリア風ですが）地名とともに店長の名前が入っています。店長は「自分が行きたくなるような店をつくる」、スタッフは自ら解体工事をしたりペンキを塗ったり、お店を作ることから関わり、接客でも調理でも装飾でも、「自分が成りたい人になる」、やる気のある者に成功体験を会得させるという佐藤氏の方針によって、社員のモチベーションは高く保たれています。

「今は約150人の社員がいるけれど、出店に合わせて社員を育成するというよりは、社員の成長に合わせて店を作っていくという感じですよね。人にはそれぞれ個性があって、頭のいい子もいれば、笑顔のいい子、手際のいい子など十人十色。それらの長所をいかに生かせるか、いかに個人の夢ややりたいことに近づける環境を用意してあげられるか、を最優先で考えるようにしています」

産業心理学者のローラーによれば、仕事の成果は能力とモチベーション（やる気）の積で表すことができます。そこで、自治体の多くは職員のモチベーションを高める仕組みを作ってきました。

例えば、包括予算制度（予算の枠配分）は財政部門による事前査定を廃し、事後の評価を重視する制度ですが、現場の問題を現場の知恵で解決できると仕事が楽しくなります。また、行政評価制度は従来の予算主義を成果主義へ改めるものですが、目標、目的を持つことにより、仕事

の成果が見えるようになり「やりがい」が増します。さらに、複線型人事制度は「目標による管理」をキャリアデザインに発展させるものですが、自分が成長していることを知り、自ら自分の将来を描くことができるようになれば、「やりがい」は「生きがい」に変わります。

　佐藤氏との出会いによって、こうした取組みは決して間違っていなかったと確信を得ることができました。そして同時に、これは地域に住み、地域に働く人々も同じだということに気付いたのです。地方創生の鍵は、地域に住み、地域に働く人のモチベーションにあります。

成長を実感できる近未来社会

　2014年11月、経済財政諮問会議の下に設置された「選択する未来」委員会は、9割の若者が結婚して2人超の子供を産み育てる状況が実現したとすれば、人口減少のスピードは大きく緩和され、50年後の人口は1億人程度となり、人口構造も安定し、その後の人口減少は収まるという推計を発表しました。なんだか、数学の得意なバルニバービの学者が大喜びしそうな話ですね（失礼）。

　住民にとってみれば50年後の日本の未来が明るいか、暗いかより、現在の生活が苦しくなるのか、楽になるのかが重要であり、最大の関心事なのです。もし、私たちが本気で人口減少問題に取り組もうとするなら、50年後という遠い目標を5年か、せいぜい10年の、具体的な目標に分解し、住民に段階的に見せる必要があります。自分や自分の子（孫）の就職、結婚、育児など身近な問題なら実感できるからです。

　地方創生とは、地域に住む人が住み続け、地域に働く人が働き続けられるような未来を描き、それを共有し実現することです。だとすれば、地域の人々が目標を持って働き、生活し、成果と成長を実感できなければ、改革や変革の原動力となるモチベーションはけっして上がりません。

　今こそ、自治体が"頭でっかち"にならず、"机上の空論"でも遠くでもない、未来の目標を示すときであり、財政担当である皆さんの腕の見せ所なのです。

2015年9月

定野　司

●著者紹介

定野　司（さだの・つかさ）

文教大学客員教授。埼玉大学理工学部卒。足立区役所へ。財政課長時代の2002年に導入した「包括予算制度」が経済財政諮問会議の視察を受け注目を浴びる。以来、一貫して予算制度改革やコスト分析による行政改革を実践。環境部長時代の2008年から自治体の事業仕分けに参加。総務部長時代の2012年、多くの自治体と共同して新しい外部化の手法を検討する「日本公共サービス研究会」の設立、運営に携わるなど、自治体間の垣根を越えて持続可能な自治体運営に取り組む。2015年から2期6年、足立区教育長を務め退任。ヒトが育ち協働して創る未来をめざす「定野未来協創研究所」主宰。生まれも育ちも、住まいも職場も、墓も足立区内にあるという完璧な井の中の蛙だが、現在は全国各地で講義、講演、コンサルティング活動等を行いながら井戸を枯らさぬ方策を持ち帰る。

その方策をまとめた近著に『みるみる仕事が片づく！　公務員の時間術』（学陽書房、2013年）、『一番やさしい自治体予算の本』（同2013年）、『マンガでわかる！　自治体予算のリアル』（同2019年、共著）、『合意を生み出す！　公務員の調整術』（同2020年）、『図解よくわかる自治体予算のしくみ〈改訂版〉』（同2022年）、『自治体予算の基本が1冊でしっかりわかる本』（同2023年）、『50のポイントでわかる　異動1年目の自治体予算の実務』（同2024年、共著）などがある。

自治体の財政担当になったら読む本

2015年10月27日　初版発行
2025年5月14日　11刷発行

著　者　定野　司（さだの　つかさ）
発行者　光行　明
発行所　学陽書房
　　　　〒102-0072　東京都千代田区飯田橋1-9-3
　　　　営業部／電話　03-3261-1111　FAX　03-5211-3300
　　　　編集部／電話　03-3261-1112
　　　　https://www.gakuyo.co.jp/

ブックデザイン／佐藤　博
DTP制作／加藤文明社
印刷・製本／大村紙業

© Tsukasa Sadano, 2015, Printed in Japan
ISBN 978-4-313-16155-9　C2033
※乱丁・落丁本は、送料小社負担にてお取り替え致します。

好評既刊

自治体の議会事務局職員になったら読む本

香川純一・野村憲一 [著]

執行機関とは異なる作法（議員と事務局の役割分担）をはじめ、本会議・委員会の進め方、審議における問題解決、調査・庶務のポイント等をわかりやすく解説！

定価＝2,750円（10％税込）

自治体の教育委員会職員になったら読む本

伊藤卓巳 [著]

教育委員会事務局の役割を正しく理解し、適切に事務処理を行うための基礎・基本を解説。首長部局・学校現場との違いに戸惑う担当者をサポートする1冊。

定価＝2,970円（10％税込）

自治体の人事担当になったら読む本

鳥羽稔 [著]

自治体人事の法令・制度や実務ノウハウがこの1冊でわかる！　人事関連の基礎知識をはじめ、法令や制度の適用の仕方、新しい働き方や採用のポイントなども紹介。

定価＝2,750円（10％税込）

好評既刊

自治体の都市計画担当になったら読む本

橋本隆 [著]

都市計画の基本から土地利用、都市施設、市街地開発事業、景観形成までを網羅。複雑な制度を豊富な図表を交えて整理・解説。事務職・技術職を問わず役立つ仕事術が満載！

定価＝2,970円（10%税込）

自治体の会計担当になったら読む本

宮澤正泰 [著]

支出・収入・公金管理・契約等に関する業務の流れ、必須の知識・ノウハウを解説。初任者はもちろん、会計事務に携わる職員が読んでおきたい1冊。

定価＝2,970円（10%税込）

自治体の公共施設マネジメント担当になったら読む本

志村高史 [著]

初任者でも一からわかるやさしい説明で、公共施設マネジメントの状況や手法をはじめ、計画から実行までのコツや、担当者が持つべき心得・仕事術なども紹介！

定価＝2,750円（10%税込）

好評既刊

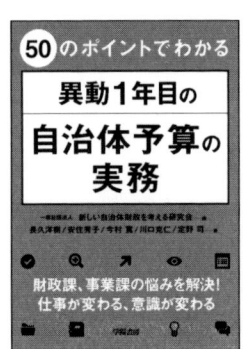

50のポイントでわかる 異動1年目の自治体予算の実務

一般社団法人　新しい自治体財政を考える研究会 [編]

自治体財政のプロが、予算のリアルな姿と日常業務で抱いている課題や苦悩に対する解決策をポイント別にコンパクトにまとめた解説書。

定価＝2,420円（10％税込）

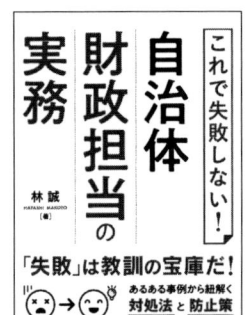

これで失敗しない！ 自治体財政担当の実務

林誠 [著]

自治体財政をめぐる失敗事例について、「先入観・思い込み」「見落とし・確認不足」「油断・過信」「コミュニケーション」の4つに分類し、未然防止策、事後対応策を解説！

定価＝2,530円（10％税込）

自治体財政 Q&A　なんでも質問室

松木茂弘 [著]

財政課に異動した人や原課の予算要求担当が突き当たる悩みや疑問をはじめ、制度論や法解釈だけでは対応できない、現場の疑問や困りごとにQ＆A形式で答える！

定価＝2,970円（10％税込）